Alfabetizar letrando com a
# literatura infantil

© 2013 by Fábio Cardoso dos Santos
Fabiano Moraes

© Direitos de publicação
**CORTEZ EDITORA**
**Rua Monte Alegre, 1074 – Perdizes**
**05014-001 – São Paulo – SP**
**Tel.: (11) 3864-0111 Fax: (11) 3864-4290**
cortez@cortezeditora.com.br
www.cortezeditora.com.br

Direção
*José Xavier Cortez*

Editores
*Amir Piedade*
*Anna Christina Bentes*
*Marcos Cezar Freitas*

Preparação
*Alessandra Biral*

Revisão
*Alessandra Biral*
*Alexandre Ricardo da Cunha*

Edição de Arte
*Mauricio Rindeika Seolin*

Projeto e Diagramação
*More Arquitetura de Informação*

Ilustrações
*Marco Antonio Godoy*

Dados Internacionais de Catalogação na Publicação (CIP)
(Câmara Brasileira do Livro, SP, Brasil)

Santos, Fábio Cardoso dos
  Alfabetizar letrando com a literatura infantil / Fábio Cardoso dos Santos, Fabiano Moraes. – 1. ed. – São Paulo: Cortez, 2013. – (Coleção biblioteca básica de alfabetização e letramento)

  Bibliografia.
  ISBN 978-85-249-2115-5

  1. Alfabetização 2. Escrita 3. Leitura 4. Letramento 5. Literatura infantil 6. Prática de ensino I. Moraes, Fabiano. II. Título. III. Série.

13-09263                                               CDD-372.414

Índices para catálogo sistemático:
1. Processos de alfabetização e letramento:
   Literatura infantil: Pedagogia: Educação          372.414

Impresso no Brasil – agosto de 2022

**Biblioteca Básica de Alfabetização e Letramento**

# Alfabetizar letrando com a literatura infantil

## Fábio Cardoso dos Santos
## Fabiano Moraes

1ª edição
4ª reimpressão

# Sumário

**↘ INTRODUÇÃO**

▶ **Literatura infantil: entre imagens e diálogos** ............... 8

**↘ CAPÍTULO 1**

**Literatura infantil e letramento literário**

*Livros que dialogam com outros gêneros do discurso* ............... 12

▶ A especificidade da literatura ............... 13

▶ Infância, escola e literatura infantil:

conexões, relações e imbricações ............... 16

▶ Alfabetização e letramento: processos discursivos ............... 20

▶ Letramento e gêneros do discurso ............... 22

▶ Letramento literário ............... 29

▶ Por uma ação reflexiva ............... 31

▶ Proposta prática: livros que dialogam

com outros gêneros do discurso ............... 32

▶ Livros sugeridos para ações literárias ............... 40

▶ Para além da sala de aula ............... 42

▶ Para conhecer mais ............... 47

↘ **CAPÍTULO 2**

**Literatura infantil: o onírico e o lúdico na linguagem**

*Reinvenções da linguagem* ..................................................**48**
- Surge um novo gênero literário destinado a crianças ............**49**
- A literatura infantil ganha força ......................................**52**
- A vida, o trabalho e a linguagem na literatura infantil............**55**
- Lobato inaugura a literatura para crianças no Brasil .............**61**
- Letramento, diálogo, interação
  e reinvenção da linguagem ................................................**64**

- Por uma ação reflexiva ...................................................**69**
- Proposta prática: escritos lúdicos e oníricos .......................**70**
- Livros sugeridos para ações literárias ...............................**80**
- Para além da sala de aula ...............................................**82**
- Para conhecer mais .......................................................**86**

## ↘ CAPÍTULO 3

### A literatura infantil e a tradução de saberes

*Livros que ajudam a transformar* ..................................... **87**

▸ Literatura infantil: o político, o coletivo e o estético ............... **88**

▸ A literatura infantil como tradução de saberes .................... **92**

▸ A escritura como reinvenção do mundo
  e a leitura como operação de caça .................................. **96**

▸ Interações discursivas e signos ideológicos ....................... **101**

▸ Letramento literário com livros
  que ajudem a transformar ........................................... **104**

▸ Por uma ação reflexiva .............................................. **107**

▸ Proposta prática: livros que ajudam a transformar ............. **108**

▸ Livros sugeridos para ações literárias ............................. **118**

▸ Para além da sala de aula .......................................... **120**

▸ Para conhecer mais ................................................. **124**

↘ **CAPÍTULO 4**

**Os clássicos revisitados**

*Versões, inversões e reinvenções dos clássicos* .................... 125

▸ O letramento literário na escola:
  entre os clássicos e suas versões ................................. 126
▸ A camponesa mais famosa do mundo .......................... 130
▸ "Quem tem medo do lobo mau?" ................................. 135
▸ O lugar da infância em Pinóquio ................................. 138
▸ Interdiscurso e polifonia nas versões dos clássicos ........... 142

▸ Por uma ação reflexiva ............................................. 145
▸ Proposta prática: versões e reinvenções dos clássicos ....... 146
▸ Livros sugeridos para ações literárias ........................... 156
▸ Para além da sala de aula ......................................... 158
▸ Para conhecer mais ................................................. 161

↘ **REFERÊNCIAS BIBLIOGRÁFICAS** ................... 162
↘ **BIOGRAFIAS** ........................................... 175

↘ **INTRODUÇÃO**

# Literatura infantil: entre imagens e diálogos

*"para que serve um livro", pensou Alice,*
*"sem imagens ou diálogos?"*
(Carroll, 1865)[1].

De um lado um livro (sem imagens ou diálogos), de outro uma criança (Alice). Em um piscar de olhos, surge a imagem de um Coelho Branco de olhos cor-de-rosa. O diálogo? Sim, o diálogo com a imagem do Coelho Branco, diriam. Mas o diálogo de Alice com seus botões (discurso interior) teve início quando a menina se pôs a refletir sobre a importância de diálogos e de imagens. E o diálogo prossegue entre imagens: a toca de coelho, a longa queda no poço com estantes de livros, mapas e figuras na parede... Diálogo que continua em meio a palavras e imagens oníricas do País das Maravilhas (reinvento de mundo). Diálogo que reflete e refrata imagens e textos,

---

**1 -** Tradução nossa.

invertendo-os e subvertendo-os ludicamente no País Através do Espelho (subverso de mundo).

De um lado um livro (*Alice no País das Maravilhas* e *Através do Espelho*), e do mesmo lado (o lado de dentro do livro) uma criança (a mesma Alice). Em meio aos dois, imagens feitas pelo ilustrador John Tenniel figurando: a própria Alice, o Coelho Branco, o Dodô, a Rainha Vermelha e a Rainha Branca, a Lagarta, o Gato, Tweedledee e Tweedledum, a Lebre e o Chapeleiro, o Rei e a Rainha de Copas com seu exército de cartas de baralho, personagens e ambientes do universo lúdico-onírico do País das Maravilhas e do País Através do Espelho. Diálogos dos personagens: entre eles, consigo mesmos e com outros tantos diálogos (contos, mitos, enigmas etc.) e imagens (xadrez, baralho, chá etc.).

De um lado um livro (o mesmo livro *Alice...*), do outro lado (ou do mesmo lado, já nem sabemos) uma criança (da Época Vitoriana, da *Belle Époque*, do período Entre Guerras, do período da Guerra Fria, do Pós-Moderno, de qualquer tempo). E, com eles, em diálogos e imagens: Lewis Carroll, John Tenniel, a Editora Macmillan and Co. (contexto de produção); a era vitoriana com suas bibliotecas, a *Belle Époque* e seus cafés e seus automóveis, o Entre Guerras com seus rádios e aviões, a Guerra Fria com suas TVs e seus foguetes, o período Pós-Moderno com seus automóveis, suas livrarias *on-line*, suas bibliotecas, seus computadores, seus cibercafés, seus celulares, seus rádios, seus *tablets*, seus aviões, suas redes sociais, suas TVs, seus foguetes, seus torpedos (contexto de circulação); seus salões, seus sobrados, seus colégios, suas casas, seus seminários, suas fazendas, suas provas, suas cirandas de livros, suas escolas, seus apartamentos, suas salas de leitura, suas praças, seus centros culturais, seus *shopping centers*, suas bibliotecas, seus espaços virtuais (contexto de recepção).

De um lado, um livro (este que você tem em mão); do outro e do mesmo lado, a um só tempo (não há mais lados nas tantas redes), uma criança de qualquer idade (você, leitor). E, em meio às redes: discursos de outrora, discursos contemporâneos; imagens em livros, palavras, signos, ideias; diálogos entre autores, livros, professores, pesquisas, alunos, ciência, saberes, leitores, documentos, sonhos, falas e brincadeiras infantis. Reinvenção e reexistência da linguagem. Entre imagens e diálogos, crianças e livros bastam-se.

Sim, textual e não textual, discurso e imagem, diálogos e figuras encontram-se na literatura infantil e fazem-se presentes nas práticas de letramento literário de modo incontestável. Sabendo disso, buscamos, nesta obra, propor fundamentos e sugerir práticas para "alfabetizar letrando" com a literatura infantil nos anos iniciais do Ensino Fundamental.

No primeiro capítulo, apresentamos considerações sobre a especificidade da literatura (e da literatura infantil) e, consequentemente, do letramento literário com títulos da literatura para crianças, destacando nas atividades propostas a riqueza dos diálogos entre gêneros presentes em diversas obras da literatura infantil.

No capítulo segundo, desfiamos uma breve trajetória da literatura infantil, de sua gênese aos tempos atuais, destacando a reinvenção da linguagem na constituição dos universos lúdicos e oníricos das produções literárias infantis. A leitura literária como diálogo é proposta a partir de livros que prezam pela reinvenção lúdica e onírica da linguagem.

No capítulo subsequente, destacamos a importância da literatura infantil como tradução de saberes e reinvenção do mundo. Também atentamos para a leitura como movimento de reinvenções e interações em meio a signos ideológicos. Sugerimos, por fim, a promoção do letramento literário em sua função política, coletiva e estética com livros que ajudem a transformar.

No último capítulo deste livro, revisitamos, por meio de um diagnóstico do presente, os clássicos da literatura infantil, chamando atenção para a riqueza interdiscursiva das versões contemporâneas destinadas ao público infantil, a partir das quais são apresentadas propostas de atividades práticas de letramento literário.

Assim, convidamos você, leitor, para juntos imaginarmos mundos lúdicos e oníricos com a literatura infantil, para dialogarmos com sua linguagem reinventada em suas funções política e coletiva, para alfabetizarmos letrando em meio a imagens e a diálogos sem-fim.

↘ CAPÍTULO 1

# Literatura infantil e letramento literário
*Livros que dialogam com outros gêneros do discurso*

*Ser leitor de literatura na escola é mais do que fruir um livro de ficção ou se deliciar com as palavras exatas da poesia. É também posicionar-se diante da obra literária, identificando e questionando protocolos de leitura, afirmando ou retificando valores culturais, elaborando e expandindo sentidos. Esse aprendizado crítico da leitura literária, que não se faz sem o encontro pessoal com o texto enquanto princípio de toda experiência estética, é o que temos denominado aqui de letramento literário* (Cosson, 2012, p. 120).

# A especificidade da literatura

Ao passar os olhos pelos *Parâmetros Curriculares Nacionais: língua portuguesa (1ª a 4ª série)*, (PCNs) (Brasil, 1997), o professor encontra, no capítulo intitulado "Aprender e ensinar Língua Portuguesa na escola", a seção: "O texto como unidade de ensino", seguida da seção: "A especificidade do texto literário". Entre os incontáveis gêneros do discurso, o texto literário é o único destacado em sua especificidade pelos PCNs, o que nos conduz às seguintes perguntas: O que faz que um texto possa ser considerado um texto literário? A que se deve essa sua especificidade? O que é literatura?

Comecemos por destacar possíveis respostas à última pergunta aqui lançada: segundo Roberto Acízelo de Souza (2003), a palavra literatura encontra algumas acepções, por exemplo: conjunto da produção escrita que tenha determinada origem, temática ou público-alvo (literatura jurídica, literatura feminina, literatura marginal); conjunto de obras de determinado país ou período (literatura brasileira, literatura renascentista, literatura russa); bibliografia de um campo de estudos (literatura jurídica, literatura médica); expressão ficcional, irreal, frívola ou afetada; disciplina que estuda sistematicamente a produção literária. As duas últimas acepções são descartadas pelo autor, que desconsidera a última delas por soar redundante e equivocada a afirmação de que a "literatura" é uma disciplina que estuda a "literatura" e a penúltima por ser empregada de modo pejorativo. As três primeiras, por sua vez, são consideradas viáveis por denotarem conjuntos de obras escritas. No entanto, considerando-se que no século XIX a orientação positivista considerava a literatura em sentido amplo (*lato sensu*) como a totalidade de obras escritas, para as correntes da teoria da literatura torna-se necessário especificar, circunscrever, entre essas obras, aquelas que em sentido estrito (*stricto sensu*) são "dotadas de propriedades específicas, que basicamente se resumem numa elaboração especial da linguagem e na constituição de universos ficcionais ou imaginários" (Souza, 2003, p. 42).

Essa resposta "parcial" parece ainda depender das respostas que poderão ser dadas às duas primeiras perguntas; afinal, se literatura é o conjunto de obras dotadas de tais propriedades específicas, que propriedades são estas que tornam um texto literário e que lhe oferecem essa sua especificidade?

Domício Proença Filho (1986) afirma que o texto literário se distingue do texto não literário pelo fato de este último se caracterizar pela transparência, por objetivar diretamente a informação e a ação, enquanto o primeiro encontra-se a serviço da criação artística, tendo por característica "a marca da opacidade: abre-se a um tipo específico de descodificação ligado à capacidade e ao universo cultural do receptor" (Filho, 1986, p. 8). "É consenso, na atualidade, que os aspectos estéticos da obra literária podem ser alcançados por meio do texto e que todos eles têm tem uma base linguística (sintática, semântica ou estrutural)" (Filho, 1986, p. 9); portanto, é o uso da linguagem o que dota de especificidade o texto literário. Responderíamos agora à segunda pergunta parcialmente ao afirmar que as propriedades específicas da literatura compreendem uma elaboração especial da linguagem, ou um uso da linguagem, que almeja alcançar aspectos estéticos e constituir universos imaginários e ficcionais. As perguntas respondidas anteriormente parecem nos conduzir "finalmente ao início": o que faz que um texto seja considerado um texto literário?

Para Roman Jakobson (*apud* Eichenbaum, 1971, p. 8), "o objeto de estudo da ciência da literatura não é a literatura, mas a 'literariedade', ou seja, o que faz que uma obra possa ser considerada uma obra literária". O que responde à nossa primeira pergunta: o que faz que um texto seja considerado literário é a "literariedade, isto é, o modo especial de elaboração da linguagem inerente às composições literárias, caracterizado por um desvio em relação às ocorrências mais ordinárias da linguagem" (Souza, 2003, p. 47).

Ao destacar o texto literário em sua especificidade, os PCNs (Brasil, 1997) ressaltam que "a literatura não é cópia do real, nem puro exercício de linguagem, tampouco a mera fantasia que se asilou dos sentidos do mundo e da história dos homens" (Brasil, 1997, p. 37), pois, ao relacionar-se com a realidade, a literatura o faz de forma indireta, isto é, por meio da concretização verbal (ou não verbal em determinadas poesias contemporâneas), o plano do imaginário apropria-se do plano da realidade, transgredindo-o.

Por último, ressaltamos, com Aparecida Paiva e Paula Cristina de Almeida Rodrigues (2009, p. 106), que "o texto literário para crianças possui especificidades e uma lógica que escapa à elaboração do que classicamente convencionamos denominar literatura", algumas das quais serão destacas no decorrer dessa obra.

É fundamental, portanto, que o professor exercite com os alunos o reconhecimento das singularidades e das propriedades compositivas das elaborações especiais da linguagem presentes na obra literária infantil ao praticar leituras literárias, ao alfabetizar letrando com a literatura infantil.

# Infância, escola e literatura infantil: conexões, relações e imbricações

O gênero literatura infantil é considerado um dos mais recentes gêneros literários existentes, afirma Regina Zilberman (2003). As primeiras obras destinadas ao público infantil foram publicadas no fim do século XVII e durante o século XVIII, no Período Clássico. A inexistência desse gênero antes de tal período deve-se ao fato de que, até então, não havia uma preocupação especial com a infância. "A nova valorização da infância gerou maior união familiar, mas igualmente meios de controle do desenvolvimento intelectual da criança e manipulação de suas emoções" (Zilberman, 2003, p. 15), missão doravante assumida pela literatura infantil e pela escola em relação à criança.

No Período Clássico, o núcleo familiar burguês, estimulado ideologicamente em um primeiro momento pelo Estado absolutista e em um segundo momento pelo liberalismo burguês, oferece o sustentáculo ideal para a centralização do poder político, estabelecendo-se dentro de valores herdados da nobreza feudal (fato que contrabalançou a rivalidade entre a burguesia e esta última), os quais eram: "A primazia da vida doméstica, fundada no casamento e na educação dos herdeiros; a importância do afeto e da solidariedade de seus membros; a privacidade e o intimismo como condição de uma identidade familiar" (Zilberman, 2003, p. 17). Tais valores elevam a infância ao patamar de baluarte do modelo familiar. A criança, doravante, converte-se em eixo ao redor do qual a família se organiza, tendo, esta última, como missão a responsabilidade de conduzir os infantes com saúde e prepará-los intelectualmente para a vida adulta. Philippe Ariès (1981, p. 210) afirma a esse respeito: "O sentimento de família, que emerge assim nos séculos XVI e XVII, é inseparável do sentimento da infância. O interesse pela infância [é uma] expressão particular desse sentimento mais geral, o sentimento da família". Acerca da família, o autor francês assegura-nos: "Ela torna-se a célula social, a base dos Estados, o fundamento do poder monárquico" (Ariès, 1981, p. 214).

Surge, nesse contexto, a idealização da infância, fundada em teorias que postulam: a dependência da criança, em virtude dos aspectos fisiológico e transitório dessa faixa etária; e sua inocência natural, como inexperiência, que tanto precisa ser preservada idealmente quanto gradativamente substituída pela preparação do infante para a vida adulta por meio da prática pedagógica. Segundo Ariès (1981, p. 180), "duas ideias novas surgem ao mesmo tempo: a noção de fraqueza da infância e o sentimento da responsabilidade moral dos mestres".

Nesse contexto, a escola é a instituição imbuída da tarefa de preparar a criança para o mundo adulto e de protegê-la das violências desse mundo exterior, acrescenta Zilberman (2003), enquanto a literatura infantil, reproduzindo o mundo adulto, transmite a norma vigente de acordo com a visão adulta, ocupando exatamente os espaços nos quais os maiores estão impedidos de interferir, como os momentos de lazer e de fantasia das crianças.

Para Zilberman (2003), é justamente quando a literatura infantil se torna instrumento de doutrinação ideológica utilizado no contexto escolar que as forças de ambas as instituições se somam no sentido de envolver a criança (colocada em uma situação de dependência e fragilidade) com os comportamentos e as normas sociais que esta deve assumir e cumprir.

Embora a ruptura para com esse papel pedagógico e doutrinador da literatura infantil em sua gênese se tenha dado ainda precocemente na história da literatura infantil com obras como as de Lewis Carroll (como veremos mais à frente), este aspecto ainda se faz presente no momento atual. A esse respeito, Zilberman (2003, p. 176) afirma:

> *Com efeito, a caracterização da obra literária evidencia o dilema da literatura infantil. Se esta quer ser literatura, precisa integrar-se ao projeto desafiador próprio a todo o fenômeno artístico. Assim, deverá ser interrogadora das normas em circulação, impulsionando seu leitor a uma postura crítica perante a realidade e dando margem à efetivação dos propósitos da leitura como habilidade humana. Caso contrário, transformar-se-á em objeto pedagógico, transmitindo a seu recebedor convenções instituídas, em vez de estimulá-lo a conhecer a circunstância humana que adotou tais padrões. Debatendo-se entre ser arte ou ser veículo de doutrinação, a literatura infantil revela sua natureza; e sua evolução e seu progresso decorrem de sua inclinação à arte, absorvendo, ainda que lentamente, as contribuições da vanguarda, como se pode constatar no exame da produção brasileira mais recente.*

Lançamos a seguir algumas considerações acerca das relações entre alfabetização e letramento, para que possamos compreender de que modo a especificidade da literatura viabiliza práticas de letramento literário que favoreçam inclusive o letramento com textos de outros gêneros do discurso.

# Alfabetização e letramento: processos discursivos

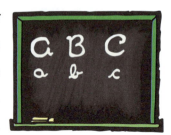

Depois de em alguns países ter sido minimamente resolvida a questão do analfabetismo e de terem emergido em nosso mundo diversas novas práticas de leitura e de escrita, tornou-se visível um novo problema: algumas pessoas, mesmo tendo aprendido a ler e a escrever, não incorporaram, nesse processo de aprendizagem, a prática da leitura e da escrita a ponto de terem adquirido competência para envolver-se com práticas sociais de leitura e escrita (Soares, 2005).

Para nomear essa capacidade de que recentemente se deu conta, e que é o "resultado da ação de ensinar e aprender as práticas sociais da leitura e da escrita" (Soares, 2005, p. 39), surge a palavra letramento que, aos poucos, é incorporada ao vocabulário do campo educacional. Doravante não basta ensinar a ler e a escrever; torna-se necessário conduzir os indivíduos "a fazer uso da leitura e da escrita, envolver-se em práticas sociais de leitura e de escrita" (Soares, 2005, p. 58).

Magda Soares (2005) distingue, nesse sentido, alfabetização de letramento, definindo a primeira como o processo de ensinar a ler e a escrever e o segundo como a condição do indivíduo que não apenas lê e escreve, mas que exerce efetivamente práticas sociais de uso da leitura e da escrita.

Se o substantivo "letramento" (conceituado anteriormente de modo parcial, posto tratar-se de um fenômeno complexo e, consequentemente, requerer complexas definições) conduz ao adjetivo "letrado", que caracteriza o indivíduo que não apenas aprendeu a ler e escrever, mas que com frequência e competência faz uso da leitura e da escrita, então ressalta Soares (2005, p. 47):

> *Precisaríamos de um verbo "letrar" para nomear a ação de levar os indivíduos ao letramento [...] Assim teríamos* alfabetizar e letrar *como duas ações distintas, mas, não inseparáveis, ao contrário: o ideal seria* alfabetizar letrando, *ou seja: ensinar a ler e escrever no contexto das práticas sociais da leitura e da escrita, de modo que o indivíduo se tornasse, ao mesmo tempo,* alfabetizado e letrado.

Ana Luiza Smolka (2003) acrescenta que a alfabetização (também o letramento) é um processo discursivo, pois implica *momentos discursivos*. Seu processo se dá em uma "sucessão de *momentos discursivos*, de interlocução, de interação" (Smolka, 2003, p. 29, grifos da autora).

Por tratar de signos e por lidar com signos, a alfabetização e o letramento são ainda práticas ideológicas tanto no que diz respeito ao caráter inerentemente ideológico dos signos (Bakhtin; Volochínov, 2004), quanto no que tange à ideologia presente nas finalidades e nas metodologias dos processos de alfabetização e das práticas de letramento em questão, podendo tais ações se efetivar: segundo Soares (2005), de modo liberal, ao propagarem e reproduzirem a ideologia dominante, ou de modo revolucionário, ao proporem uma ruptura para com a ordem dominadora (Soares, 2005); e, segundo Paulo Freire (1989), de um lado na forma ingênua, conduzindo a práticas espontaneístas ou na forma "astuta" levando a práticas manipuladoras, e de outro lado na forma crítica ao promoverem práticas libertadoras (Freire, 1989).

# Letramento e gêneros do discurso

Considerando-se o aspecto discursivo e ideológico do processo de alfabetização e das práticas de letramento, é importante atentarmos para a relação entre letramento e gêneros do discurso. Para tanto, é fundamental apresentarmos, em poucas palavras, a definição e as relações entre discurso, enunciado, gêneros do discurso e campos da atividade humana.

O discurso, afirma Mikhail Bakhtin (2010), só existe na forma concreta das enunciações, fundido em forma de enunciados pertencentes a um dado sujeito do discurso. Pelo fato de as enunciações materializarem e concretizarem o discurso por meio de signos, tanto o enunciado quanto o discurso são atravessados por ideologias tanto sociais quanto concernentes ao sujeito que o profere. O enunciado é, pois, para Bakhtin (2010, p. 269), a unidade real da comunicação discursiva.

Se os enunciados são produzidos com base no modo como vemos a realidade e em conformidade com seu contexto de produção, recepção e circulação, os gêneros do discurso, por sua vez, são modalidades de percepção da realidade inseridas na consciência humana de acordo com as esferas ideológicas por ela vivenciadas (Bajtin; Medvedev, 1994).

Para Bakhtin (2010, p. 262, grifos do autor), "cada enunciado particular é individual, mas cada campo de utilização da língua elabora seus *tipos relativamente estáveis* de enunciados, os quais denominamos *gêneros do discurso*". É somente por meio dos gêneros do discurso que nós falamos, portanto todos os nossos enunciados vinculam-se a "*formas* relativamente estáveis e típicas de *construção do todo*" (Bakhtin, 2010, p. 282, grifos do autor), a gêneros do discurso.

É a relativa estabilidade dos gêneros que lhes dá mutabilidade, flexibilidade e plasticidade em meio às interações entre os sujeitos de dada cultura. Os gêneros poderiam ser exemplificados por meio de práticas linguísticas corriqueiras, como o registro de uma receita culinária, a escrita de uma carta ou de um *torpedo*, a narração de uma piada, uma conversa telefônica ou um bate-papo etc. Em cada uma dessas práticas, há aspectos que dizem respeito a um tema esperado, a um estilo esperado e a uma forma composicional esperada. Portanto, é essa coerção genérica que dá aos gêneros sua estabilidade, levando-nos a produzir enunciados dentro de um tipo relativamente estável de enunciados, dentro de um gênero do discurso, isto é, daquilo que se espera socialmente que seja uma receita culinária, uma carta, um *torpedo*, uma piada, uma conversa telefônica, um bate-papo em seus usos sociais.

Segundo Bakhtin (2010, p. 261), "o emprego da língua efetua-se em forma de enunciados (orais e escritos) concretos e únicos, proferidos pelos integrantes desse ou daquele campo da atividade humana" (Bakhtin, 2010, p. 261). Mas o que seria esfera ou campo da atividade humana?

As esferas ou campos da atividade humana, de acordo com Bakhtin (2010), estão vinculados à produção de formas da língua, e o enunciado vai se referir à esfera pela qual foi produzido, desde a seleção dos recursos da língua (lexicais, fraseológicos e gramaticais), como também na composição estética e nos temas abordados. Entre os mais diversos campos de atividade humana, poderíamos destacar o jurídico, o escolar e o religioso.

Bakhtin (2008) observa, por exemplo, os discursos proferidos nas feiras medievais ao ar livre presentes na obra de Rabelais, pois para ele a feira é um espaço rico de acontecimentos inusitados e simultâneos. Ao analisar os discursos da cultura popular proferidos nesse ambiente, Bakhtin (2008) analisa concomitantemente a sociedade e os costumes desse tempo. É, portanto, no ambiente social e nas esferas da atividade humana nele existentes

que se aprimoram, modificam e surgem outros gêneros discursivos, capazes de atender não apenas às necessidades sociais, mas também às exigências das mais recentes tecnologias desenvolvidas nas sociedades. O discurso educacional é um exemplo pertinente de campo da atividade humana; nele, são produzidos inúmeros gêneros do discurso orais e escritos, como exercício escolar, prova, relatório, pauta, boletim, plano de curso, plano de aula, ementa, grade curricular, horário escolar, projeto político-pedagógico, diploma, reunião de pais, conselho de classe, ficha de matrícula, autorização, aula, entre tantos outros. Poderíamos citar ainda os campos da atividade humana: jornalístico (exemplos de gêneros do discurso: reportagem, editorial, boletim do tempo, entrevista, carta do leitor, anúncios classificados, notícia de TV, agenda cultural, entrevistas radiofônicas, televisivas e jornalísticas, tirinha), interpessoal (exemplos de gêneros do discurso: carta pessoal, bilhete, relato, diário pessoal, lista de compras, recado, conversação espontânea, aviso, ameaça, bate-papo virtual), da saúde (exemplos de gêneros do discurso: bula de remédio, receita médica, conselho médico, consulta médica, atestado médico, prontuário, diagnóstico, exames, laudos), entre outros campos da atividade humana com seus inúmeros gêneros do discurso.

Roxane Rojo (2006) propõe tomar os gêneros do discurso, e não meramente os textos ou os tipos de texto, como objeto de ensino com o objetivo de constituir sujeitos que sejam capazes de exercer atividades de linguagem envolvendo "tanto capacidades linguísticas ou linguísticas discursivas, como capacidades propriamente discursivas, relacionadas à apreciação valorativa da situação comunicativa ou contexto, como também, capacidades de ação em contexto" (Rojo, 2006, p. 27).

A autora sugere, portanto, que, nas práticas de alfabetização, se trabalhe não apenas o conhecimento do alfabeto, mas principalmente que tal conhecimento seja abordado em sua presença nos textos, considerando-se os gêneros de circulação social concreta. "Em práticas de alfabetização como estas, ao se alfabetizarem, os alunos terão interesse e prazer, bem como compreenderão a utilidade da escrita e de sua circulação social, de suas finalidades e formas" (Rojo, 2006, p. 28).

Outro ponto a ser destacado diz respeito à conceituação de gêneros secundários e de gêneros primários. Segundo Bakhtin (2010, p. 263-264),

> *Os gêneros discursivos secundários (complexos - romances, dramas, pesquisas científicas de toda espécie, os grandes gêneros publicísticos, etc.) surgem nas condições de um convívio cultural mais complexo e relativamente muito desenvolvido e organizado (predominantemente o escrito) - artístico, científico, sociopolítico, etc. No processo de sua formação eles incorporam e reelaboram diversos gêneros primários (simples), que se formaram nas condições da comunicação discursiva imediata. Esses*

*gêneros primários, que integram os complexos, aí se transfor-
mam e adquirem um caráter especial: perdem o vínculo imediato com a realidade concreta e os enunciados reais alheios:
por exemplo, a réplica do diálogo cotidiano ou da carta no romance, ao manterem a sua forma e o significado cotidiano apenas no plano do conteúdo romanesco, integram a realidade
concreta apenas através do conjunto do romance, ou seja, como
acontecimento artístico-literário e não da vida cotidiana.*

Nesse sentido, é fundamental que observemos a presença dos tantos gêneros do discurso nas obras literárias. Esse diálogo entre enunciados de gêneros do discurso distintos favorece o desenvolvimento das capacidades interpretativas inerentes ao letramento literário, considerando-se tais gêneros presentes nas obras literárias (conversações, bilhetes, cartazes, diários, cartas etc.) como concernentes não à realidade imediata ou a seu uso social efetivo, mas ao plano do conteúdo ficcional, constituindo acontecimentos artístico-literários e não da vida cotidiana.

Em seus estudos, Bakhtin, Medvedev e Volochínov (o Círculo) enfocam a análise do discurso literário; entretanto, Brait (2003) aponta que, já em 1926, é inserida por Voloshinov e Bajtin (1997) uma característica que acompanhará toda a obra de Bakhtin e o Círculo, que é partir do cotidiano, do não artístico, para depois retornar às especificidades do discurso literário, objetivo inicial de análise. Em outras palavras, os autores partem da vida para discutir a arte. Esse procedimento peculiar que enfoca a linguagem como um todo, defende Beth Brait (2003), possibilita que se olhem para as mais distintas formas de discurso que compõem as diversas esferas da atividade humana e não apenas a literária.

O letramento literário, portanto, para além de favorecer o letramento em outros gêneros por meio da relação entre gêneros concernente à literatura, será favorecido e potencializado ao se estabelecer práticas de letramento que contemplem os mais diversos gêneros do discurso em seu uso social para que, tanto a partir da leitura literária, sabendo-se a literatura uma metáfora social (Leahy-Dios, 2000), se possa compreender, conhecer, ler o mundo, a sociedade, a vida, como também a partir dos gêneros do discurso em seus usos sociais, das esferas da atividade humana, do cotidiano, da vida, possa-se interpretar, criticar, ler a literatura.

Bajtin e Medvedev (1994) afirmam que uma consciência pode ser mais rica em gêneros do que outra de acordo com o ambiente ideológico em que se desenvolve. Sendo assim, acrescenta Cecília Goulart (2001, p. 12):

> *A variedade dos gêneros do discurso utilizada por uma pessoa pode revelar a sua variedade de conhecimentos (conhecimentos de vários estratos sociais) e aspectos de sua personalidade, em duas medidas: (i) na medida em que os conhecimentos produzidos pelas diferentes classes sociais circulam na sociedade de um modo geral; e (ii) na medida em que classes sociais diferentes*

*atribuem valores diferentes aos signos ideologicamente cons-
tituídos e vivenciam as situações sociais de modos diferentes.
O fenômeno do letramento está então associado a diferentes
gêneros discursivos, caracterizando as classes sociais de modo
diferente também do ponto de vista discursivo.*

Cabe ao professor, enfim, prezar por promover em sala de aula suas práticas de alfabetização e de letramento a partir dos mais diversos gêneros do discurso, favorecendo assim ao aluno a leitura do mundo, a leitura de si, a leitura da vida, a leitura da sociedade, a leitura literária.

Goulart (2001) lança-nos um desafio, o de estabelecermos uma relação entre de um lado a polifonia presente nas várias vozes, enunciados e ideologias presentes no discurso, e de outro o letramento, de modo que ambos contribuam para que melhor se compreenda o processo de alfabetização, aproximando-se assim do sentido aqui proposto de "alfabetizar letrando", de Soares (2005).

# Letramento literário

O letramento literário é uma prática social, afirma Rildo Cosson (2012). Sua prática deve ser promovida na escola de modo que se viabilize o exercício da leitura literária sem o abandono do prazer e, ao mesmo tempo, com o compromisso necessário para o desenvolvimento do conhecimento.

Tal modalidade de letramento diz respeito às práticas de recepção/produção de textos literários relacionadas ao aspecto estético alcançado por um modo especial de elaboração da linguagem que também permite a constituição de universos imaginários e ficcionais. Segundo Graça Paulino (2001, p. 118):

> *Um cidadão literariamente letrado seria aquele que cultivasse e assumisse como parte de sua vida a leitura desses textos, preservando seu caráter estético, aceitando o pacto [ficcional] proposto e resgatando objetivos culturais em sentido mais amplo, e não objetivos funcionais ou imediatos para seu ato de ler.*

Paulino (2005) destaca ainda que, para além de se levar em conta as habilidades: cognitivas, comunicativas, interacionais, afetivas e estéticas necessárias para a leitura literária, bem como as competências sociais, deve-se considerar ainda o aspecto híbrido e complexo dos processos histórico-sociais que à leitura literária se enredam. Ademais, é fundamental que se atente para tal leitura como ato cultural, político e democrático, como destacam Edmir Perrotti (1990) e Cyana Leahy-Dios (2000).

# Por uma ação reflexiva

Nesse momento, convidamos o professor a refletir sobre suas próprias práticas a partir do que até então consideramos. Até que ponto: a literatura tem sido vista e tratada em suas aulas como metáfora social, e sua leitura tem sido praticada como ato cultural, político e democrático? De que modo estão sendo valorizados os diálogos entre distintos gêneros do discurso presentes na literatura infantil como potente exercício para a compreensão do caráter ficcional e metafórico da literatura? Você tem favorecido a análise de tais gêneros presentes em obras literárias em comparação com os gêneros do discurso em seu uso social? Que atitudes diante do texto literário você considera que têm sido deixadas de lado em suas práticas de letramento literário em sala de aula?

# Proposta prática: livros que dialogam com outros gêneros do discurso

Boa parte dos textos de literatura infantil possibilita o diálogo com outros gêneros do discurso. É importante que o professor atente para o fato de que, como dissemos anteriormente, na constituição do universo ficcional como metáfora social pela literatura é frequente a presença de gêneros do discurso em meio ao texto literário. Citamos, como exemplo, as conversações presentes nos textos literários, que não correspondem a conversas propriamente ditas, mas a conversas constituídas em meio ao mundo ficcional literário. Do mesmo modo, encontramos receitas culinárias, cartas, discussões, bilhetes, recados, aulas, relatórios, cartas, diários, cartazes, anúncios, matérias jornalísticas, entre tantos outros.

Ao trabalhar como esse diálogo entre gêneros do discurso no texto literário, é fundamental que o professor oriente os alunos na percepção tanto das diferenças existentes entre o gênero do discurso propriamente dito e a sua recriação ficcional quanto das semelhanças entre ambos. Com esse intuito, a cada atividade aqui sugerida, apresentaremos brevemente conceituações e definições dos gêneros do discurso com que trabalharemos.

Para a primeira proposta de ação com textos da literatura infantil que possibilitam diálogo com gêneros do discurso sugerimos o livro *Confusão no galinheiro: o caso dos ovos de ouro*, de Amir Piedade, publicado pela Cortez Editora. O livro dialoga, inclusive por meio das ilustrações de Elma, com os seguintes gêneros do discurso: conversação, discussão, matéria jornalística, relatório de inquérito e despacho judicial.

Em um primeiro momento, o livro será lido com os alunos e discutido para que se proceda à produção de sentido a partir do texto. A seguir, o professor dará início a uma roda de conversa com perguntas sobre conhecimentos prévios dos alunos acerca desses gêneros (conversação, discussão, matéria jornalística escrita, relatório de investigação, despacho judicial), quais as suas características, onde ocorrem etc. Durante a conversa, serão acrescentadas informações complementares aos conhecimentos prévios dos alunos e serão corrigidos os possíveis equívocos sobre os gêneros do discurso em questão.

No livro, a representação de conversações (e da discussão entre a Pata e o Escritor) por meio das falas dos personagens faz-se presente de modo dominante em toda a primeira metade do livro, dando lugar na segunda metade à fala do narrador e de outros personagens, por exemplo, o Redator-Chefe do jornal, o Delegado e a Juíza por meio dos gêneros do discurso: matéria jornalística, relatório de inquérito e o despacho judicial, respectivamente.

Ao tratar do gênero do discurso "conversação", convém que o distingamos do gênero "discussão". A conversa, a conversação, o bate-papo, o diálogo e o papo correspondem à "troca de palavras, de ideias entre duas ou mais pessoas sobre assunto vago ou específico, podendo ser informal ou formal. É simétrica, pois se pressupõe o mesmo direito à palavra por parte de todos os participantes da conversação" (Costa, 2008, p. 70). A discussão, por sua vez, corresponde a "uma polêmica, em geral feita oralmente, em que cada participante faz a defesa (apaixonada ou não) de pontos de vista contrários, por desentendimento, briga, altercação ou exame minucioso de um assunto, problema, etc." (Costa, 2008, p. 84).

O professor observará ainda, com os alunos, que a conversação com que se inicia a história (entre a Pata e o Pato) apresenta duas falas da Pata na forma de discurso direto (a personagem profere sua fala) entremeadas pela fala do Pato em discurso indireto (o Pato fala pela voz do narrador): "O Pato, aturdido com a explosão de sua meiga e doce Pata, perguntou-lhe o que tinha acontecido" (Piedade,

2011, p. 6). Na continuidade da conversação, são retomadas as falas de ambos os personagens por meio de discurso direto.

A seguir, será analisada a discussão entre a Pata e o Escritor, por ela acusado de ter iniciado toda a intriga divulgando erroneamente que a Galinha bota ovos de ouro. Na discussão, a exaltação da Pata conduz a uma defesa de pontos de vista contrários. Nesse momento, convém mostrar as diferenças entre os gêneros conversação e discussão.

As páginas 18 e 19 do livro dialogam diretamente com o gênero do discurso "matéria jornalística" por meio de recursos verbais e não verbais (aspectos do portador textual "jornal impresso" são caracterizados imageticamente). Nesse ponto, antes de tratar especificamente do gênero "matéria", o professor poderá perguntar aos alunos que semelhanças eles encontram entre as páginas em questão e a primeira página de um jornal impresso. Podem ser apontados: o cabeçalho de capa, com indicação do título do jornal "O murmúrio", do ano e do número da publicação ("Ano XXII, n. 11.680") e do tempo (substituindo-se data e previsão climática) "nublado e com trovões"; o cabeçalho interno, presente na parte superior das páginas internas com o título do periódico "O murmúrio", a seção "Política" e a data (ausente no jornal apresentado no livro); o chapéu, palavra(s) presentes acima do título da matéria "Denúncia!"; a manchete, título em destaque na capa do jornal que indica a matéria mais importante da publicação; os títulos de cada texto que compõe a matéria, usados para chamar a atenção do leitor e convidá-lo à leitura; a legenda, texto disposto sob a foto descrevendo seu conteúdo ou destacando o assunto da notícia.

Após destacar os aspectos formais, editoriais e icônicos, os aspectos textuais serão indicados a partir da conceituação do gênero matéria jornalística, que, segundo Sérgio Roberto Costa (2008, p. 133), "pode se referir a qualquer texto jornalístico, ou especificamente a uma notícia". Trata-se de um texto produzido para leitores múltiplos e desconhecidos, geralmente sem assinatura de autoria, e que almeja a neutralidade, apontando para referências aos fatos e ocorrências mais do que para a emissão de opiniões. Para Costa (2008),

> *As aparências são o universo da notícia. Não basta que seja verdadeira. Ela precisa parecer verdadeira. [...] Por isso a necessidade de uma seleção prévia de fatos mais importantes, que devem ser ordenados criteriosamente, sempre tendo em mente a tentativa de tornar a leitura e a compreensão da notícia o mais fácil possível.*

Mais adiante, o livro apresentará um relatório de inquérito emitido pelo Delegado (Piedade, 2011, p. 25). Como gênero do discurso, o relatório de inquérito corresponde a um texto elaborado depois de findo o inquérito por autoridade policial "que contém as investigações feitas para a averiguação dos indícios de autoria e da existência do fato criminoso, que servirão posteriormente de base ao oferecimento da ação penal" (Costa, 2008, p. 159). Nesse ponto, indicamos o estudo da construção textual, destacando-se a conclusão nele apresentada.

Por fim, será analisado com a turma o despacho judicial lido e publicado pela juíza. Nesse ponto, além de se atentar para a linguagem jurídica característica, pode-se observar o grifo em caixa-alta das determinações judiciais. O despacho corresponde, na esfera pública, à documentação de "decisões de autoridades públicas [...] deferindo ou indeferindo as solicitações feitas" (Costa, 2008, p. 79). O despacho presente no livro caracteriza-se ainda como sentença por apresentar-se como uma "decisão, uma resolução ou uma solução dada por um júri, uma autoridade etc. a toda e qualquer questão submetida a sua jurisdição" (Costa, 2008, p. 166).

Os gêneros escritos presentes no livro serão, por fim, comparados a textos de tais gêneros em seu uso social. Aconselhamos, neste sentido, um critério de seleção rigoroso com relação ao conteúdo e à extensão destes. Em seguida, após a comparação, os textos presentes nos livros serão registrados pelos alunos em formato o mais próximo possível dos gêneros em seu uso social (quando possível, digitados, formatados e imprimidos), para que os alunos tenham em mão o jornal, o inquérito e o despacho ficcionais produzidos por eles próprios em formato próximo ao de seu uso social. Por fim, a turma fará a leitura dramatizada do livro dividindo os papéis do narrador e dos personagens entre os alunos (que utilizarão em sua dramatização os textos por eles reescritos em formato próximo aos gêneros do discurso a que se referem). A leitura pode se aprimorar por meio de ensaios e tornar-se uma apresentação teatral.

Sugerimos ainda uma atividade com o livro *A mulher que falava para-choquês,* de Marcelo Duarte, publicado pela Editora Panda Books, sobre a história de Dirce, uma mulher que trabalhava em uma cabine de pedágio e, de tanto anotar frases de para-choque dos caminhões, passou a comunicar-se apenas por meio dessas frases, até tornar-se famosa por seu curioso talento.

Antes da leitura, é importante que se faça um levantamento dos conhecimentos prévios dos alunos sobre esse gênero do discurso, as "frases de para-choque", que em geral se caracterizam por expressar crenças e saberes do senso comum por meio do recurso da ironia e do uso de figuras de linguagem. Cabe destacar os aspectos não verbais, como o formato do portador textual e os elementos icônicos que emolduram do texto (presentes na ilustração de Fábio Sgroi).

Na ocasião da leitura, cabe ao professor favorecer a produção de sentido a partir dos textos das frases de para-choque presentes no livro por meio do destaque das figuras de linguagem, como as metáforas ("Dinheiro de pobre parece *sabão* [...]"; "O amor é como *guerra* [...]"; "Motorista é igual a *bezerro* [...]") e da indicação de interdiscursos ("*A mulher foi feita da costela [...]*"; "*Deus fez o mundo em seis dias [...]*"; "*A fé remove montanhas [...]*"; "*Dinheiro não traz felicidade [...]*"). Como complemento, poderão ser apresentadas outras frases de para-choque pelo professor, que tomará o cuidado de selecionar as que apresentem conteúdo adequado ao trabalho em sala de aula com essa faixa etária e de questionar a presença de discriminações em algumas delas.

Por fim, a turma será dividida em grupos e cada grupo escolherá uma frase de para-choque para registrá-la em cartolina com a moldura característica do gênero. As frases de para-choque serão expostas no mural e seu significado poderão ser esclarecidos pelos grupos que os produziram a eventuais visitantes da exposição.

# Livros sugeridos para ações literárias

**A mulher que falava para-choquês**
- Marcelo Duarte
- Ilustrações: Fábio Sgroi
- Editora Panda Books

Dirce passava o dia em uma cabine de pedágio anotando frases de para-choque dos caminhões até o ponto de passar a se comunicar apenas por meio dessas frases e tornar-se famosa por esse talento. Mas um dia ocorreria um episódio que mudaria a sua vida.

**Carta errante, avó atrapalhada, menina aniversariante**
- Mirna Pinsky
- Ilustrações: Ionit Zilberman
- Editora FTD

Nos Correios, o carteiro Pedro Boné, preocupado em fazer que todas as cartas chegassem a seus destinatários, depara-se com um grande desafio: entregar a uma neta a carta de sua avó, apesar de uma parte do endereço do destinatário estar escrito em hebraico.

**Confusão no galinheiro:
o caso dos ovos de ouro**
- Amir Piedade
- Ilustrações: Elma
- Cortez Editora

A Pata, ao descobrir que a Galinha bota ovos de ouro, acusa o Escritor de participar de uma trama política para eleger a Galinha prefeita, fazendo uma denúncia no jornal. Corrupção, propina, inveja e maldizer fazem parte do caso que vai parar na justiça.

**Meu querido diário**
- Fabiano Moraes e Yedda de Oliveira
- Ilustrações: Jeasir Rego
- Editora Nova Alexandria

Yayá, uma menina muito viva, relembra, em seu diário, passagens marcantes de sua infância. Um livro terno e encantador ilustrado com bordados da própria Yayá.

**O aniversário do Seu Alfabeto**
- Amir Piedade
- Ilustrações: Luiz Gesini
- Cortez Editora

A história se inicia com o convite para o aniversário do Seu Alfabeto, recebido por todas as letras. Começam os preparativos e a escolha dos presentes. No decorrer da festa há uma confusão, mas tudo acaba bem.

# Para além da sala de aula

Propomos ainda a realização de uma atividade a partir da leitura da novela *Carta errante, avó atrapalhada, menina aniversariante*, de Mirna Pinsky, publicada pela Editora FTD.

Para essa atividade, sugerimos que, antes da leitura, seja feito um levantamento prévio do conhecimento dos alunos acerca do gênero do discurso "carta" (nesse momento, poderão ser mostrados modelos de carta, envelopes preenchidos e selados, e apresentada a história da comunicação a distância por cartas, telégrafo, telefone e internet). Também é importante compartilhar informações, como: a necessidade de selo correspondente à tarifa paga para o envio da carta (que varia de acordo com o peso do envelope, o destino e a modalidade de envio); o uso do carimbo (para que o selo não seja reutilizado e para registro do local e da data de postagem); a criação de um Código de Endereçamento Postal (CEP) com o objetivo de facilitar a localização de destinatários, como no caso descrito no livro em questão. O CEP passou a ser usado no Brasil em 1971, possuindo na ocasião apenas cinco dígitos numéricos. Posteriormente, em 1992, foram acrescidos três algarismos, totalizando oito dígitos, para facilitar a localização não apenas de cidades e de regiões municipais, mas até mesmo de logradouros (ruas, avenidas, travessas, becos, alamedas, praças). A simples presença do CEP permitiria a identificação do endereço; no entanto, a avó era atrapalhada e, além de tudo, escreveu uma parte do endereço em hebraico e, o pior, com uma "caneta de espião", que fazia que a tinta se apagasse gradativamente com o passar do tempo. É justamente o caráter lúdico e ficcional dessa história permeada de bom humor e mistério que faz que seu enredo nos envolva até o fim.

Por meio do gênero do discurso "carta", também nomeado "epístola ou missiva", pessoas ou instituições mantêm correspondência, enviada pelos Correios em envelope fechado e selado. Segundo Costa (2008, p. 50), "trata-se de uma mensagem, manuscrita ou impressa, dirigida a uma pessoa ou a uma organização, para comunicar-lhe algo." Suas formas mais comuns são a comercial e a familiar, pertencendo o caso por nós apresentado a essa última categoria.

Também é importante esclarecer os alunos quanto à estrutura de novela do livro, atentando para os momentos em que a história parece saltar de um lugar para o outro e orientando-os para que compreendam os retornos ao passado do tempo da narrativa (para o momento da escrita da carta), seguidos de regressos ao presente da narrativa (quando se narra o percurso da carta).

Ao ler o livro com os alunos ou orientá-los nas leituras individuais, o professor tomará o cuidado de parafrasear oralmente os trechos lidos sempre que se fizer necessário (contá-los com as próprias palavras), para assim favorecer a produção de sentido e consequentemente a compreensão do texto por parte dos alunos.

A partir da leitura do texto, serão apresentados à turma, por meio de imagens ou em seu uso social, os selos postais, a caixa de correios (caixa de coleta) e a agência de Correios (citados no início da história), de modo a conduzir os alunos ao entendimento de que, para se postar cartas nas caixas de coleta (atualmente um tanto raras), é necessário que as primeiras estejam seladas (pagas) com uma quantidade de selos (valor a ser pago) que varia de acordo com o peso, o destino e a modalidade de envio (simples, registrada, Sedex etc.). Também se explicará que, quando não se sabe a quantidade de selos necessária para que a carta seja enviada, o remetente precisa comparecer a uma agência para que um funcionário dos Correios pese a carta e calcule o valor a ser pago.

Depois da leitura, cada criança escreverá uma carta (com a orientação e ajuda do professor) para um familiar ou conhecido: colega ou profissional da escola (se necessário com o uso do endereço da escola); conhecidos de outros grupos sociais (igreja, comunidade); familiares residentes na mesma região ou em local distante. Cada aluno, então, realizará individualmente os procedimentos de envelopamento da carta e de endereçamento de destinatário e de remetente com: identificação (nome); logradouro; número e complemento ou caixa postal e agência; bairro ou distrito; município; unidade federativa (Estado ou Distrito Federal); país (se internacional) e CEP. Nos casos de envio para localidades em que não seja feito o serviço de entrega domiciliar de correspondências (casos em que o destinatário precisa retirar suas cartas na agência de Correios mais próxima ao local de residência), é necessário especificar de modo claro o nome completo do destinatário, a localidade e o município onde este reside para que a carta seja encaminhada à agência de destino onde será feita a retirada.

Com seus envelopes endereçados e fechados, os alunos realizarão uma visita, previamente agendada, a uma agência dos Correios, onde atentarão para a pesagem das cartas, farão individualmente o pagamento, selarão as cartas (ou observarão como se dá esse procedimento) e (caso se faça possível em contato prévio com a diretoria da agência) conhecerão o processo de triagem e de encaminhamento das cartas enviadas para outras localidades e das cartas recebidas para distribuição local (em algumas cidades, a distribuição é feita a partir de centros de triagem e entrega domiciliar que funcionam em espaços separados e mesmo distantes das agências. Também é muito interessante levar as crianças a um desses centros).

Tivemos a oportunidade de realizar uma visita a uma grande agência dos Correios anexa a um centro de triagem. Na ocasião, o diretor permitiu que os alunos conhecessem os setores operacionais internos e alguns funcionários explicaram como funcionam alguns dos serviços. Os alunos tiveram a oportunidade não apenas de enviar suas cartas, mas também de compreender como funcionam alguns dos processos de envio, encaminhamento, triagem e entrega.

Posteriormente, já na escola, os alunos fizeram relatórios sobre a visita comparando o processo de envio de correspondências ao processo de envio de *e-mails*.

Sugerimos, ainda, aos professores de escolas localizadas nas cercanias do Rio de Janeiro, do Recife, de Juiz de Fora, de Fortaleza e de Salvador a realização de visita aos Centros Culturais dos Correios, localizados nessas cidades, ou ao Museu Nacional dos Correios, em Brasília (DF).[2]

Outra possibilidade consiste em promover a interdisciplinaridade por meio do levantamento de aspectos geográficos das localidades apresentadas no livro trabalhado, por exemplo, as

---

**2 -** Para mais informações, consultar o *link*: <http://www.correios.com.br/sobreCorreios/educacaoCultura/centrosEspacosCulturais/default.cfm>

cidades de Beersheva (Berseba ou Bersebá) e de Tel Aviv (Tela-vive), em Israel; a Avenida São João e o Bairro Cambuci, na cidade de São Paulo; os municípios de Cajamar, Diadema, Embu (Embu das Artes), Jandira, Osasco, Ribeirão Pires e Santo André, localizados na Região Metropolitana de São Paulo.

# Para conhecer mais

COSTA, Sérgio Roberto. *Dicionário de gêneros textuais*. Belo Horizonte: Autêntica, 2008.

ROJO, Roxane. Letramento e diversidade textual. In: CARVALHO, Maria Angélica Freire de; MENDONÇA, Rosa Helena. *Práticas de leitura e escrita*. Brasília, DF: Ministério da Educação, 2006. p. 24-29.

SOARES, Magda. *Letramento*: um tema em três gêneros. 3. ed. Belo Horizonte: Autêntica, 2005.

SOUZA, Roberto Acízelo de. *Teoria da literatura*. São Paulo: Ática, 2003.

ZILBERMAN, Regina. *A literatura infantil na escola*. 11. ed. São Paulo: Global, 2003.

› **CAPÍTULO 2**

# Literatura infantil: o onírico e o lúdico na linguagem

## *Reinvenções da linguagem*

> *A materialidade das palavras ganha novas formas na medida em que é produzida pelo gesto de escrever e marcada no papel. Ao mesmo tempo, o movimento intradiscursivo vai adquirindo, pela escritura, novas características: desponta a questão do "estilo" na escritura; do gosto, da opção, da fruição no jogo de formulações possíveis. Emerge, além da dimensão lúdica, a dimensão estética. Ganham lugar a literatura e a poesia* (Smolka, 2003, p. 111).

# Surge um novo gênero literário destinado a crianças

O século XVII caracterizou-se pelo esforço no sentido de se estabelecer uma "ordem racional" com base no princípio humanista. A arte do Período Clássico, então em ocorrência, caracterizou-se por nela se enfatizar a grandeza do homem, dotado este da Razão que torna possível o conhecimento, afirma Nelly Novaes Coelho (1991). Esse racionalismo instaurou-se na primeira metade do século XVII, período em que se destaca a obra *O discurso do método*, de Descartes, datado de 1637.

Na segunda metade do século, com a publicação de *Fábulas*, de La Fontaine, entre outras obras, como as de Molière, instaura-se, segundo Coelho (1991), o ideal de busca por uma sabedoria modesta no lugar da busca pelo heroísmo, época em que se desencadeia a Querela dos Antigos e dos Modernos a partir da leitura, em 1687, na Academia Francesa, do poema *O século de Luís, o Grande*[3], de Charles Perrault. É, pois, no folclore francês

---

**3 -** Introdução do poema em exaltação à glória de Luís XV, o Rei Sol: "A bela antiguidade foi sempre venerável;/ Mas não creio que ela foi adorável./ Eu miro os antigos sem dobrar os joelhos,/ Eles são grandes, é verdade, mas homens como nós;/ E podemos comparar, sem temer ser injustos,/ O século de Luís ao belo século de Augusto" (Saltarelli, 2009, p. 259).

(presente no cotidiano do povo e, ao mesmo tempo, rechaçado dos círculos cultos) que Perrault, estimulado pela "querela" que seu poema deflagrou, busca razões que atestem que os "modernos" franceses são superiores aos "antigos" greco-latinos. Surgem, nesse contexto, as "obras clássicas" da literatura infantil com base no fantástico e no maravilhoso, elementos que, em princípio, contrastam com o racionalismo clássico em apogeu. Perrault, embora tenha sido eleito para a Academia Francesa em 1671 como poeta clássico, entra para a história da literatura universal como autor de uma literatura de caráter popular marginalizada pela estética clássica, sendo hoje conhecido mundialmente pela publicação de *Histórias ou contos de antigamente com moralidades*, um dos maiores sucessos da literatura infantil.

Lígia Cademartori (1986, p. 34), em sua obra *O que é literatura infantil*, afirma que a coleção de contos de Perrault,

> *frequentemente apontado como o iniciador da literatura infantil [...], constitui-se em um dos textos mais célebres da literatura francesa e, também, um dos textos mais referidos e menos comentados pela crítica literária, quer na sua dimensão de arte, quer como documento.*

Já em 1695, com a publicação da coletânea *Contos em verso*, sobretudo em razão da inclusão, nesta coletânea, do conto "A pele de Asno", o trabalho de Perrault assume as primeiras características de produção parcialmente destinada ao público infantil, como afirma Coelho (1991). No prefácio da edição da coletânea *Contos em verso*, Charles Perrault declara:

> É verdade que algumas pessoas que querem parecer sérias, e que têm bastante espírito para ver que são Contos feitos por prazer, e que a matéria deles não é muito importante, olharam-nos com desprezo, mas teve-se a satisfação de ver que as pessoas de bom gosto não as julgaram assim.
> Ficaram muito felizes de perceber que essas bagatelas não eram puras bagatelas, que encerravam uma noção útil, e que a narrativa prazerosa com que vinham envolvidas não tinha sido escolhida senão para fazê-las entrar mais agradavelmente na mente e de maneira que instruísse e divertisse ao mesmo tempo. Isso deveria bastar-me para não temer a recriminação de ter-me divertido com coisas frívolas. Mas como estou lidando com muitas pessoas que não se esteiam em razões e que não podem ser tocadas senão pela autoridade dos Antigos, vou satisfazê-las a esse respeito. As Fábulas Milesianas, tão célebres entre os gregos, e que fizeram as delícias de Atenas e de Roma, não eram de outra espécie que as Fábulas desta Coletânea. [...] Acho até que as minhas Fábulas merecem mais ser contadas do que a maioria dos Contos antigos [...] Por mais frívolas e estranhas que sejam todas essas Fábulas em suas aventuras, é certo que excitam nas Crianças o desejo de se parecer com aqueles que eles veem tornar-se mais felizes, e ao mesmo tempo o temor das desgraças em que os maus caíram por sua maldade. [...] É incrível com que avidez essas almas inocentes, e das quais ainda nada corrompeu a retidão natural, recebem essas instruções ocultas [...] São sementes que se lançam que só produzem de início movimentos de alegria e de tristeza, mas de que não faltará de desabrochar boas inclinações.

Mas é em *Histórias ou contos de antigamente com moralida-des*, publicado em 1697 (parte dos manuscritos originais é datada de 1695) que surge como primeiro livro assumidamente destinado a crianças, trazendo em seu bojo oito contos: "A Bela Adorme-cida no bosque"; "O Chapeuzinho Vermelho"; "Barba Azul"; "O Mestre Gato ou o Gato de Botas"; "As Fadas"; "A Gata Bor-ralheira ou A Sapatilha de Vidro"; "Riquete do Topete"; "O Pe-queno Polegar" (Perrault, 2007). Assim nasce um dos gêneros da literatura mais recentes: a literatura infantil.

# A literatura infantil ganha força

Se o século XVII caracterizou-se, como afirmam Coelho (1991) e Lúcia Pimentel Góes (2010) pela adaptação de obras clássicas e de contos populares, sendo seus títulos de maior vulto os de autoria francesa (La Fontaine, Perrault, Madame D'Aulnoy e Fénelon), o século XVIII foi marcado pelo predomínio de romances de viagens extraordinárias e de aventuras de energia vital, que seriam lidos por crianças e jovens, tendo na Inglaterra dois dos seus maiores representantes: *Robinson Crusoé* [1719], de Daniel Deföe, e *Viagens de Gulliver* [1726], de Jonathan Swift, o primeiro deles foi considerado um símbolo da civilização europeia enfrentando e sobrepujando a selvagem natureza americana.

Do fim do século XVII ao início do século XIX, temos, por um lado, dando prosseguimento às novelas de aventuras, "o representante anedótico desta [linha temática] [...] o Barão de Münchhausen, (que realmente foi um oficial alemão)" (Góes, 2010, p. 126-127), com duas primeiras versões distintas, uma escrita em 1785 por Rudolf Erich Raspe, outra em 1786, criada por Gottfried August Bürger. A partir de 1800, conforme se observa em Coelho (1991), as novelas de aventura se subdividem em três linhas (aventuras de fundo histórico, aventuras de energia vital e novelas de cavalaria). *Ivanhoé* [1820], de Walter Scott, destaca-se entre as narrativas de aventura.

No decorrer do século XIX e no início do século XX, no âmbito da novelística de aventuras, teríamos, segundo Coelho (1991), a continuidade das três linhas, sendo a linha de fundo histórico (seguindo a tendência de *Ivanhoé* [1820], de Walter Scott) representada por títulos como: *Notre-Dame de Paris* [1831], de Victor Hugo, e *Os Três Mosqueteiros* [1844], de Alexandre Dumas, pai. A segunda linha, seguindo o espírito aventureiro da energia vital e da força de vontade, destacou-se em obras como *O último dos moicanos* [1826], de Fenimore Cooper; *Cinco semanas em balão* [1861], *Viagem ao centro da Terra* [1864], *Vinte mil léguas submarinas* [1869], *A volta ao mundo em 80 dias* [1873], entre outros, de Júlio Verne; *O livro de Jângal* [1894] e *Mogli, o menino lobo* [1895], de Rudyard Kipling; *O Lobo do Mar* [1904], de Jack

London, e *Tarzan dos macacos* [1914], de *Sir* Edgard Rice Burroughs. A terceira linha representa, na forma de literatura de cordel, uma retomada das novelas de cavalaria medievais. Surgem ainda, em meio às novelas de aventura, as narrativas policiais, que foram muito bem recebidas pelo público jovem.

Ao lado das novelas de aventura, surgem representantes da temática maravilhosa e fantástica, o que se deve à preocupação crescente com o lugar destinado à criança na sociedade (Góes, 2010), preocupação instrumentada por procedimentos tanto na área pedagógica quanto na literária.

Destacam-se os irmãos Jacob e Wilhelm Grimm, que lançam sua coletânea de contos entre 1812 e 1822. Sua obra almejava contribuir com a formação de uma identidade cultural alemã e, ao mesmo tempo, atender ao projeto pedagógico educacional de então. Para tanto, coletaram contos e narrativas germânicas da tradição oral (recentemente algumas pesquisas evidenciaram a inequívoca presença em sua obra de adaptações feitas a partir de coletâneas precedentes da autoria de outros autores, como as de Perrault). Em seus contos, os Irmãos Grimm enfatizam o aspecto didático e partem da concepção de infância então em voga, traduzindo em seus contos os ideais burgueses e a educação vigente.

Se, por um lado surgem, coletâneas de contos tradicionais, como as procedidas pelos Irmãos Grimm, por outro lado surgem compilações que mesclam temas populares com criações originais, como as de Hans Christian Andersen. Em sua obra, o aspecto maravilhoso descortina-se na realidade concreta do cotidiano, por meio de relatos de conteúdo social e humanista elaborados com base na observação de fatos da vida moderna.

Entre as narrativas do realismo-maravilhoso que, define Coelho (1991, p. 158), "decorrem no mundo real, que nos é familiar ou bem conhecido, e no qual irrompe, de repente, algo de *mágico* ou de *maravilhoso* [...] e passam a acontecer coisas que alteram por completo as leis ou regras vigentes no mundo real" podemos destacar ainda Lewis Carroll, com *Alice no País das Maravilhas* [1865] e *Alice através do espelho e o que ela encontrou por lá* [1872]; Carlo Collodi, com *As aventuras de Pinóquio* [1883], e James Barrie, com *Peter Pan* [1904].

## A vida, o trabalho e a linguagem na literatura infantil

Michel Foucault (1968) afirma que, a partir do século XIX (quando para Foucault se inicia a Modernidade), o homem é acessado pelos saberes das ciências humanas por meio das três grandes positividades modernas: a vida, o trabalho e a linguagem: os estudos antropológicos, sociológicos e psicanalíticos (entre outros) têm por base, portanto, a biologia que estuda a vida, a economia que estuda o trabalho e a filologia que estuda a linguagem. O homem só se torna "visível" por meio da observação de sua vida, de seu trabalho e de sua linguagem.

Com o intuito de apontar para a presença na literatura infantil das três grandes positividades do homem moderno, por meio das quais ele pode ser acessado, destacamos alguns aspectos das obras de Andersen e Carroll.

Nos contos de Andersen, como dissemos anteriormente, o maravilhoso se mistura à realidade cotidiana de seu tempo, o que se pode perceber pela presença, em suas narrativas, de profissões e de objetos fabricados pelo homem de sua época. Coelho (1991, p. 151) enumera alguns desses objetos como o "soldadinho de chumbo", a "janela com vidraça" de onde ele cai e a "beira da calçada" onde ele vai parar; os "fósforos" da pequena vendedora; a "pastora de porcelana" e o "limpador de chaminés"; o "isqueiro" mágico que o soldado ganhou. Na mescla de maravilhoso e realismo elaborada por Andersen em vários dos seus 168 contos publicados  entre 1835 e 1872, o elemento mágico nem sempre se apresenta por meio de um objeto ou de um ser fantástico, mas na maioria dos casos permeia toda a narrativa, que se transforma em um espaço no qual a fronteira entre a realidade e a fantasia se apagam.

No que diz respeito à afirmação corrente de que a obra de Andersen é uma literatura triste e sem encanto em que a morte paira como destino, consideramos, de modo diverso, que grande parte de seu trabalho representa elementos da finitude humana, em voga a partir da modernidade, quando o homem, ao se tornar objeto das ciências, se dá conta de sua finitude, como afirma Foucault (1968).

A temática de Andersen tangencia tanto a "vida" em sua finitude, como o "trabalho" (no cunho social que tomam alguns de seus contos). Em vários dos seus contos, como "O limpador de chaminés" e "A pequena vendedora de fósforos", apenas para citar dois deles, o autor levanta aspectos das funções de trabalho destacando sempre o fato de haver em nosso mundo um homem em tal função, um homem tal como outros que desempenham funções distintas. No último desses dois contos a vida urbana moderna é descrita enquanto seus valores humanos são questionados. Em ambos os contos e ainda em "O anjo", "A pequena sereia", "Os sapatinhos vermelhos", entre outros, a morte apresenta-se em seu aspecto de finitude, não como punição ao desvio das normas comportamentais, como se dá, por exemplo, em *Chapeuzinho Vermelho*, de Perrault, mas como indiscutível constatação do caráter avassalador e inevitável da finitude humana. A morte nesses contos é mais um elemento reflexivo do que punitivo. O maior problema no que diz respeito à resistência a sua belíssima obra se deve, a nosso ver, não à impertinência de sua abordagem a sua época (tampouco a nossa), mas à inadequação da temática "morte" ao espaço escolar, pois, como sustenta Stone (1979, p. 149-150), os temas "morte" e "sexo" foram banidos da escola no processo de higienização do discurso escolar.

Por sua vez, o escritor Charles Lutwidge Dodgson, conhecido pelo pseudônimo de Lewis Carroll, foi um dos pais da literatura *nonsense* vitoriana. O escritor põe em questão o racionalismo e as certezas do realismo vitoriano por meio da denúncia do absurdo das regras e valores que regem a vida do homem, denúncia essa que resulta em uma subversão das leis naturais e mesmo em uma subversão linguística: "a invenção da linguagem", como aponta Coelho (1991).

Entre outros elementos da Modernidade, Foucault (1968) destaca a fragmentação da linguagem e, ao mesmo tempo, o anúncio da presença rarefeita de um homem fragmentado em uma linguagem em fragmentos. Esse homem vitoriano, moderno, em fragmentos, presente na linguagem também em fragmentos da literatura *nonsense*, torna-se presente na literatura infantil de Carroll.

Para que o leitor compreenda um dos modos pelos quais se dá a invenção da linguagem em Carroll, apresentamos a seguir o poema *Jaguadarte*, uma das traduções para o português do poema *Jabberwocky*, lido por Alice em um livro por ela encontrado no País do Espelho (onde as palavras também eram escritas ao contrário: espelhadas). Vale citar que este é considerado por alguns "o mais notável de todos os poemas *nonsense* em inglês" (Gardner. In: Carroll, 2002, p. 146):

## Jaguadarte[4]

*Era briluz. As lesmolisas touvas*
*Roldavam e relviam nos gramilvos.*
*Estavam mimsicais as pintalouvas,*
*E os momirratos davam grilvos.*

*"Foge do Jaguadarte, o que não morre!*
*Garra que agarra, bocarra que urra!*
*Foge da ave Fefel, meu filho,*
*E corre do frumioso Babassura!"*

*Ele arrancou sua espada vorpal*
*E foi atras do inimigo do Homundo.*
*Na árvore Tamtam ele afinal*
*Parou, um dia, sonilundo.*

*E enquanto estava em sussustada sesta,*
*Chegou o Jaguadarte, olho de fogo,*
*Sorrelfiflando atraves da floresta,*
*E borbulia um riso louco!*

**4 -** "Jabberwocky: Twas brilling, and the slithy toves/ Did gyre and gimble in the wable;/ All mimsy were the borogoves,/ And the mome raths outgrabe.// "Beware the Jabberwock, my son!/ The jaws that bite, the claws that catch!/ Beware the Jubjub bird, and shun/ The frumious Bandersnatch!"// He took his vorpal sword in hand;/ Long time the manxome foe he sought.../ So rested he by the Tumtum tree,/ And stood awhile in thought.// And, as in uffish thought he stood,/ The Jabberwock, with eyes of flame,/ Came whiffling through the tulgey wood,/ And burbled as it came!// One, two! One, two! And through and through/ The vorpal blade went snicker-snack!/ He left it dead, and with its head/ He went galumphing back.// "And, has thou slain the Jabberwock?/ Come to my arms, my beamish boy!/ O frabjous day! Callooh! Callay!"/ He chortled in his joy.// Twas brilling, and the slithy toves/ Did gyre and gimble in the wable;/ All mimsy were the borogoves,/ And the mome raths outgrabe" (Carroll, 1865).

*Um dois! Um, dois! Sua espada mavorta*
*Vai-vem, vem-vai, para trás, para diante!*
*Cabeca fere, corta e, fera morta,*
*Ei-lo que volta galunfante.*

*"Pois então tu mataste o Jaguadarte!*
*Vem aos meus braços, homenino meu!*
*Oh dia fremular! Bravooh! Bravarte!"*
*Ele se ria jubileu.*

*Era briluz. As lesmolisas touvas*
*Roldavam e relviam nos gramilvos.*
*Estavam mimsicais as pintalouvas,*
*E os momirratos davam grilvos* (Campos, 1960).

Vale ressaltar que essa subversão linguística põe em prática elementos dos quatro segmentos teóricos da linguagem (análise interior, variações externas, teoria nova do radical e sistema de parentesco entre as línguas), apresentados no início do século XIX: por Schlegel, por meio da obra "[...] *Língua e filosofia dos indianos* (1808), da *Deutsche Grammatik*, de Grimm (1818), e do livro de Bopp sobre o *Sistema de conjugação do sânscrito* (1816)" (Foucault, 1968, p. 369). A análise interior trata do modo como uma língua se caracteriza, distinguindo-se das outras por possuir um espaço gramatical autônomo, o que permite que transitemos de uma língua a outra sem termos de passar pelo domínio da representação, mas passando pelos modos de combinações. Por meio das variações externas, a linguagem passa a ser tratada "como um conjunto de elementos fonéticos" (Foucault, 1968, p. 374). A teoria nova do radical possibilita que se encontre o radical a partir do qual a palavra foi formada, o que possibilita concebermos o verbo como elemento primordial da linguagem; a linguagem, doravante, relaciona-se com a liberdade dos homens tornando-se humana. E, por fim, o sistema de parentesco entre as línguas favorece a comparação lateral das línguas por meio de suas gramáticas, estudando-se "as modificações dos radicais, o sistema das flexões, a série das desinências" (Foucault, 1968, p. 381). É esse espaço gramatical autônomo, essa teoria dos radicais e esse sistema de flexões que nos permitem identificar as funções morfossintáticas de um poema escrito com uma série de palavras inexistentes de uma suposta língua inventada por Carroll (2002).

## Lobato inaugura a literatura para crianças no Brasil

Em 1920, com a publicação do livro *A menina do narizinho arrebitado (Livro de figuras com desenhos de Voltolino)*, Monteiro Lobato torna-se, nas palavras de Coelho (2006, p. 641), "verdadeiro ponto de partida da literatura infantil brasileira".

Laura Sandroni (1987) divide a obra de Monteiro Lobato destinada a crianças reunindo de um lado livros nos quais preponderam a fantasia e o lúdico (mesclados à intenção pedagógica e informacional), como *A chave do tamanho*, *A reforma da natureza*, *Caçadas de Pedrinho*, *Emília no país da gramática*, *História do mundo para crianças*, *Histórias de Tia Nastácia*, *Memórias de Emília*, *O Minotauro*, *O Picapau Amarelo*, *O Saci*, *Os doze trabalhos de Hércules*, *Reinações de Narizinho* e *Viagem ao céu* e, de outro, as adaptações de obras clássicas, como *Alice no País das Maravilhas*, *Aventuras de Hans Staden*, *Contos de Grimm*, *D. Quixote para crianças*, *Peter Pan*, *Pinóquio* e *Robinson Crusoé*.

O aspecto pedagógico e informativo de sua obra é compensado na reafirmação do discurso literário, "onde a *mimesis* não se deixa confundir com a mera reprodução do real, mas aponta para seu questionamento e a consideração crítica das situações, à altura da inteligência e sensibilidade infantis" (Yunes, 1982, p. 36).

Ao lado do núcleo básico de personagens presentes em sua vasta obra, surgem personagens secundários em interdiscursos que apontam tanto para os clássicos adaptados supracitados como para a nascente indústria cinematográfica de Hollywood: Tom Mix, Gato Félix, Marinheiro Popeye (Sandroni, 1987). A convivência de "real" e maravilhoso dá-se como nos sonhos e nos mitos. Ambientes oníricos, como o Reino das Águas Claras, soam tão plausíveis e viáveis como a sala de Dona Benta.

Por outro lado, no que tange à reinvenção da linguagem, Pereira (2010, p. 23) afirma que "a ludicidade que Lobato imprime à narrativa não deixa de aparecer também na linguagem: trocadilhos, jogos de palavras, (re)criações". O autor não se prende às convenções linguísticas nem mesmo quando se propõe a reavaliá-las ou reaproveitá-las, dinamizando a língua e explorando suas potencialidades ao máximo. As intervenções e rupturas por ele promovidas com relação ao purismo da língua são, em sua maioria, veiculadas por Emília que recebe (com Lobato) o salvo-conduto para seus experimentos linguísticos, em geral aprovados pelos "outros" mais pela sua praticidade e adequação do que pela criatividade.

Maria Teresa Gonçalves Pereira (1980; 2010) cita alguns exemplos, como: "criaturas *tamanhudas*"; "*descomestibilizou* [os livros comestíveis]"; "entrante [e] sainte"; "*quadrupedíssimo*"; "*pertinhas*"; "*pratos-bonitezas* [e] *pratos-gostosuras*"; "*pernilongamente*"; "Vesúvio quer dizer: Tu *vês*, mas o *u* viu [vês + u̲ viu]"; sobre a morte de César por Bruto (*Brutus*): "Acho que a morte de César foi uma *brutalidade*"; "*emilice*"; "anão [referente a um ano longo]"; "*desacontece*"; "condessar [tornar-se condessa]"; "*assinzinha*"; "*peixa*", entre tantos outros.

Para Sandroni (1987, p. 58), Lobato também foi pioneiro: tanto em "fazer do folclore tema sempre presente em suas histórias" não como registro da tradição oral, mas como busca de elementos na fonte inesgotável que é o folclore para então realizar uma criação original; como em trazer para o universo infantil grandes questões consideradas até então exclusivas do mundo adulto (a consequência das guerras, os problemas do desenvolvimento brasileiro, a importância do conhecimento intuitivo diante do valor dado à lógica e à razão). "Monteiro Lobato foi o primeiro escritor brasileiro a acreditar na inteligência da criança, na sua curiosidade intelectual e capacidade de compreensão" (Sandroni, 1987, p. 58). Seu legado faz-se presente na voz, nas palavras e nas ilustrações dos tantos escritores e ilustradores brasileiros de nosso tempo que, de modo lúdico e imaginativo, valorizam e instigam criativamente a inteligência, as reflexões e as emoções infantis.

Vejamos, em seguida, de que modo se dá o processo dialógico de interação do leitor com o autor e com a obra, considerada esta última em seu processo de produção, circulação e recepção, bem como na materialidade dos enunciados, evidenciando os aspectos lúdicos e oníricos inerentes ao uso da linguagem no gênero literatura infantil.

# Letramento, diálogo, interação e reinvenção da linguagem

A leitura e a interpretação de textos literários, em uma perspectiva enunciativo-discursiva, requerem um estudo do sujeito-enunciador, dos interlocutores, do contexto de produção, de circulação e de recepção da obra, tanto em seu nível mais imediato quanto no mais abrangente, bem como dos componentes verbais e não verbais utilizados na materialização dos enunciados, que viabilizam a produção de sentido.

Para Mikhail Bakhtin e o Círculo, a língua é inseparável da vida, é produto de interações verbais por meio das quais o sujeito se posiciona diante da vida, proferindo sua voz nas mais distintas situações que a ele se interpõem.

Um enunciado só existe, portanto, nas relações dialógicas, estando acabado apenas quando permite uma resposta. Nos enunciados se fazem presentes ecos e ressonâncias de outros enunciados com que ele conta, que ele refuta, confirma, completa (Bakhtin, 2010). Dessa forma, as relações dialógicas levam às mais variadas leituras. Cabe ressaltarmos que Bakhtin não entende o diálogo no sentido restrito da comunicação oral entre dois falantes, mas como qualquer forma de enunciação, de enunciados, de enunciados concretos. Logo, o processo dialógico interpretativo da leitura literária dá-se por meio de negociações de significações entre os interlocutores em meio às ideologias inerentes aos signos, pois o redimensionamento da significação ocorre a partir de um valor apreciativo atribuído por um sujeito a cada novo enunciado por meio da interação com um interlocutor específico em uma situação histórica e social concreta.

Entendemos que Bakhtin e Volochínov (2004), ao conceberem a interação entre os sujeitos, de acordo com a situação histórica e social e as várias ideologias circundantes, propõem um ponto de intersecção entre o individual e o social, refletindo sobre a maneira como não apenas as formas de ação, mas também as formas de interação humanas "são capazes de multiplicar e reproduzir temas e formas discursivas que refratam e refletem formas possíveis em situações sócio-históricas dadas, em momentos sociopolítico-ideológicos determinados" (Rojo, 1999, p. 239). Ao refletirmos, de modo refratado, uma realidade externa, produzimos diferentes interpretações do mundo, de acordo com as experiências vivenciadas por cada indivíduo. Bakhtin e Volochínov (2004) também demonstram que o gênero é orientado pela vida, pois os gêneros são as possíveis formas de comunicação, materializadas por meio de signos ideológicos no contexto da vida. A materialidade da linguagem efetivada nos enunciados será analisada, portanto, a partir do conceito dialógico de interação, considerando-se sua constituição discursivo-ideológica e seu caráter de fenômeno social.

Ler é dialogar. Interpretar é dialogar. É dialogar com o autor, com o livro, com seu contexto de produção, circulação e recepção, com os outros leitores, com a materialidade do texto. É dialogar consigo, pois, no processo interpretativo, o leitor negocia as significações do texto não apenas por meio de diálogos envolvendo autor, leitor, enunciados e contextos, mas também por meio de diálogos internos com enunciados prévios, a partir dos quais ele responde, refuta, complementa e confirma o que lê. As práticas de leitura literária ampliarão no aluno suas possibilidades de diálogo e, consequentemente, de leitura e interpretação literária.

Para Ester Mirian Scarpa (1987), a linguagem relaciona-se intimamente com o conhecimento do mundo, passando ambos pela mediação do interlo-cutor. A dialogia proporciona a constituição da criança como sujeito no diálogo, favorecendo "a segmentação da ação e dos objetos do mundo físico sobre os quais a criança vai operar, e a própria construção da linguagem, que por si é um objeto sobre o qual a criança também vai operar" (Scarpa, 1987, p. 119).

Por fim, consideramos os diversos subgêneros da literatura infantil como gêneros do discurso que se aproximam uns dos outros, em seus usos, funções, público-leitor, condições de produção, circulação e recepção. Desse modo, precisamos levar em conta as características comuns a esses gêneros do discurso que conduzem à produção de textos de literatura infantil dentro de uma forma relativamente estável de um todo textual, ou seja, a partir daquilo que se espera socialmente que seja um livro de literatura infantil em seus usos sociais. Entre os elementos da coerção genérica referente à literatura infantil que podem ser observados nas obras e nos autores destacados em nossas considerações anteriores, os usos específicos da linguagem nos principais subgêneros literários destinados a crianças tendem a promover a reinvenção da linguagem, de um lado na constituição de um universo ficcional onírico, de outro no uso lúdico da linguagem.

O aspecto onírico concernente a esse gênero deve-se, assim acreditamos, a seu vínculo e proximidade com os mitos fundadores, com os mistérios do verbo, com a origem, a invenção e a descoberta da linguagem. Mito e sonho se aproximam (Dieckmann, 1986, p. 12). Infância e origem também, pois para além de sermos *Homo economicus*, somos *Homo mythologicus* (Morin, 2006, p. 92). O caráter onírico reinventa em mundos fantasiosos, maravilhosos, fantásticos, fabulosos, encantados, a linguagem e a "realidade".

Outro aspecto que favorece a invenção da linguagem diz respeito à relação estreita da literatura infantil com o brincar, com a ludicidade. Infância e ludicidade se aproximam, pois para além de sermos *Homo faber*, somos *Homo ludens* (Morin, 2006, p. 92). A criança brinca com tudo aquilo em que põe as mãos, brinca com o que vê, brinca com o que fala. Brinca ao reinventar, ao ser criança, ao criar. A ludicidade reinventa a linguagem, burla, desfaz, recria, subverte suas normas, refazendo sentidos, desfazendo significados e viabilizando a criação de outros tantos.

# Por uma ação reflexiva

Como questões lançadas para ações reflexivas, perguntamos ao professor: o quanto você tem investido em leituras e estudos que favoreçam o desenvolvimento de uma visão crítica de textos da literatura infantil, de modo a perceber a distância entre os livros que podemos afirmar seguramente que constituem textos literários destinados a crianças e outros que, fugindo aos aspectos até então apresentados, estão longe de figurarem como literatura infantil (embora sejam publicados, divulgados e vendidos como tal)? De que modo você tem explorado e destacado os aspectos lúdicos e oníricos, ficcionais e criativos do texto literário em sala de aula no processo interpretativo e analítico das práticas de letramento literário desenvolvidas?

# Proposta prática:
## escritos lúdicos e oníricos

O caráter lúdico e onírico dos textos literários em prosa ou poesia, destinados a crianças, podem ser detectados em um sem-número de títulos. José Paulo Paes convida-nos a "brincar com palavras como quem brinca com bola, papagaio, pião" (Paes, 2003). E nós convidamos o leitor às brincadeiras com as palavras propostas: por Lia Zatz, que suprime estas últimas para que deem lugar às ilustrações de Rogério Borges em *Era uma vez uma bruxa*; por Mila Behrendt, que reinventa o mundo com seus pontos e linhas em *Ponto & Linha*; e por Ricardo Silvestrin, que cria um universo paralelo com planetas oníricos, maravilhosos, criativos e curiosos em *Pequena observação sobre a vida em outros planetas*.

Sugerimos como primeira atividade a leitura de *Era uma vez uma bruxa,* de Lia Zatz, publicado pela Editora Moderna. O livro remete-nos ao universo lúdico das cartas enigmáticas, jogos elaborados por meio da substituição de palavras ou sílabas por imagens. No livro de Zatz (2002), as imagens figuram como substitutas diretas das palavras (as imagens representam, portanto, as palavras em sua íntegra e não apenas sílabas). Também encontramos no livro ilustrado por Rogério Borges o uso de textos iconizados por meio da escolha do formato de letras, como nas palavras "pequenininho", "meleca", "linda", "verde", "limpa e cristalina", "transformando", "gordos", "velhos", "muuuiitas", "encantadora", "sumiu", "atropelamentos", entre tantas outras; do uso de onomatopeias como "*prunct ploft*!", "*crick plunct clang trec*"; e de outros elementos iconizados não textuais que, para além de contribuírem com a narrativa, também contam a história em pé de igualdade com os elementos textuais.

Com o livro em mão, o professor lerá a história em roda com as crianças, deixando que elas digam as palavras correspondentes às imagens (negociando tais palavras entre si, inclusive):

Figura 1 – (Zatz, 2002, p. 4).

Figura 2 – (Zatz, 2002, p. 5).

Por exemplo, a partir das páginas 4 e 5 (figuras 1 e 2):

"Era uma vez uma [bruxa] chamada Hildegarda [Rosa] Espinhenta das [Cruzes] Tortas Chulezenta da Silva. Seu nome era do tamanho de um [bonde], mas seu apelido era pequenininho: Meleca" (Zatz, 2002, p. 4-5). No lugar de "rosa", é possível que as crianças digam em um primeiro momento "flor", assim como no lugar de "bonde" é provável que digam "ônibus". A negociação de palavras será feita sob a orientação do professor, prezando-se pela mais adequada, nestes casos: rosa e bonde. Mais adiante, surgirão imagens que conduzirão a possibilidades múltiplas, como "cabana ou casa", "cachoeira ou cascata", "meninos, guris ou moleques", "risadas ou gargalhadas", "mala ou valise", entre outras, que poderão ser negociadas com maior liberdade pela turma.

Após a leitura coletiva, os alunos produzirão um texto com tema livre, utilizando imagens recortadas de revistas para construírem uma narrativa com formato similar à do livro. De acordo com o grau de desenvolvimento e de maturidade da turma, essa atividade poderá ser feita individualmente ou em grupo. Os alunos buscarão uma quantidade estipulada de figuras, fotos ou ilustrações em revistas distribuídas pelo professor e as recortarão para usá-las. Sugerimos que cada aluno ou grupo de alunos recorte de oito a doze imagens. Depois, eles construirão um texto colando as figuras em substituição às palavras equivalentes.

Essa atividade também poderá ser feita no laboratório de informática por meio de programas editores de texto com uso de imagens disponíveis na internet ou nos próprios programas (ex.: *clip-arts*). Depois de prontos, os textos-imagens poderão ser expostos em um mural, em um *blog*, ou organizados em um livro.

A segunda atividade proposta neste capítulo tem por base o livro *Ponto & Linha* (Behrendt, 2010), a partir do qual serão apresentadas possibilidades de produção de sentido em meio à polissemia das palavras "ponto" e "linha".

A leitura dos poemas que brincam com essas palavras será feita inicialmente sem a preocupação com mais esclarecimentos.

Após a primeira leitura de todo o livro, o professor apresentará um texto por vez, destacando a plurissignifação dos vocábulos em questão.

Antes de apresentar possíveis significados para as palavras destacadas, o professor perguntará às crianças o que elas imaginam que tal palavra ou termo em determinado contexto quer dizer. Depois das possibilidades lançadas pelas crianças, ele então indicará uma das definições presentes no dicionário como uma entre as possibilidades. Tomamos a maioria dos significados, relacionados a seguir, do *Dicionário Houaiss da Língua Portuguesa* (Houaiss; Villar, 2009), que terá suas citações referenciadas pela indicação apenas da página de onde o trecho entre aspas foi tirado.

Utilizando uma linguagem próxima à dos alunos, o professor apresentará, com base nas definições e conceituações seguintes, a produtividade linguística e plurissignificação explorada pela autora nos poemas:

▸ **No princípio...** (Behrendt, 2010, p. 4):
- *pontinho*: "ponto pequeno" (p. 1523);
- *ponto de partida*: "lugar determinado"; "circunstância, situação, estado" (p. 1523) de onde tudo começou.

▸ **E foi assim** (Behrendt, 2010, p. 6):
- *pixel*: "ponto luminoso do monitor que, juntamente com outros do mesmo tipo, forma as imagens na tela" (p. 1504);

- *ponto esticou-se todo e virou linha*: matematicamente, enquanto o ponto é considerado um lugar sem extensão no espaço e sem dimensão, a linha é uma extensão, nela existe uma infinidade de pontos.

▸ **A linha que me ata** (Behrendt, 2010, p. 8):
- *linha que me ata*: "corda fina; fio para atar; barbante" (p. 1184);
- *ponto inicial*: início.

▸ **Renascer** (Behrendt, 2010, p. 10):
- *ponto* mais importante: "questão importante de interesse fundamental"; "questão ou assunto que precisa ser esclarecido" (p. 1523);
- *ponto* delicado: "lugar determinado"; "circunstância, situação, estado"; "detalhe, pormenor, particularidade" (p. 1523);
- *ponto* gostoso: "circunstância, situação, estado" (p. 1523);
- *ponto fraco*: fraqueza;
- *a ponto de* parar: "chegando mesmo a, chegando até a, prestes a" (p. 1524).

▸ **Alô... alô... Quem fala?** (Behrendt, 2010, p. 12):
- *linha cruzada*: "confusão de conversas que se estabelece na origem de dois circuitos telefônicos" (p. 1184).

▸ **O ponto apaixonado** (Behrendt, 2010, p. 13):
- *ponto* apaixonado: "ponto" assume "papel de personagem";
- *ponteia*: ponteio é um "tipo de toque resultante de pontear instrumentos de corda; ponteado" (p. 1522);

- abre para a *linha* o coração: "papel de personagem";
- ponto *desapontado*: enganado, iludido em seus desejos e/ou expectativas; decepcionado; desiludido; logrado (p. 627).

▸ **O ponto de chegada** (Behrendt, 2010, p. 14):
- *ponto* de chegada; *ponto* de partida; *pontos* diferentes; *pontos* missionários: "lugar determinado"; "circunstância, situação, estado" (p. 1523) assumem papéis de personagens.

▸ **Quem ama se comunica** (Behrendt, 2010, p. 15):
- *ponto de contato*: na matemática seria o ponto onde as retas se tocam ou se cruzam. Metaforicamente é o ponto onde as mensagens de amor se tocam;
- *pontinho* charmoso: "circunstância, situação, estado" (p. 1523);

- *boi na linha*: expressão metafórica que aponta para alguém ou algum problema que esteja interferindo, dificultando, se intrometendo ou atrapalhando um processo comunicativo.

▸ **Dizem por aí** (Behrendt, 2010, p. 16):
- a mulher do *ponto* é a *ponta*: por meio de uma brincadeira com duas palavras (que apenas aparentemente se vinculam por flexão de gênero: ponto/ponta, como também cigarro/cigarra, linho/linha), sugere-se que ponta seja o feminino de ponto. Na verdade, as duas palavras significam espécies distintas de objetos e não flexionam em gênero. Nesse caso, assumem papel de personagem;
- *ponto* [...] de caso com a *linha*: papel de personagem.

▸ **O ponto de mira** (Behrendt, 2010, p. 17):

- *ponto de mira*: "pequena crista na extremidade do cano das armas de fogo por onde o atirador se orienta para mirar no alvo" (p. 1523). A linha de mira, por sua vez, corresponde à "linha reta imaginária que, passando pela mira e pela alça de mira de uma arma de fogo, se prolonga até o alvo e é determinada com precisão pelo olho do atirador" (p. 1184);

- *ponto* muito visado: ponto mirado;

- *linha* dengosa em fogo *cruzado*: remete a linha de fogo que é o "lugar onde ocorre o conflito" (p. 1184).

▸ **A linha** (Behrendt, 2010, p. 18):

- a *linha* é [...] um *ponto* alegre [...] que se *espichou* todo: ponto como lugar sem extensão e linha como extensão, nela há infinitos pontos;

- *ponto de vista*: "ponto eleito por um artista plástico para melhor observar o objeto que deseja reproduzir artisticamente"; "o ângulo do qual algo ou alguém é observado ou considerado" (p. 1523).

▸ **Passa, passa, gavião** (Behrendt, 2010, p. 19):

- *ponto* a *ponto*: de um lugar a outro;

- qualquer *linha [de avião]*: "rota percorrida por aviões em viagens periódicas e regulares de serviços de transportes aéreos" (p. 1184).

▸ **A família Ponto** (Behrendt, 2010, p. 20):

- *Ponto*: nome próprio (iniciado com maiúscula), sobrenome da família;

- *ponto-final*: "sinal de pontuação com que se encerra uma frase ou um período" (p. 1523);
- *ponto* famoso: papel de personagem;
- *ponto* de partida: lugar (de início, saída); também assume papel de personagem.

▸ **Vende-se este PONTO** (Behrendt, 2010, p. 21):
- *PONTO*: "local de instalação de um estabelecimento comercial" (p. 1523).

▸ **Fut, fut, fut...** (Behrendt, 2010, p. 22):
- a *linha da vida*: linha condutora da existência, do destino; linha existente na palma das mãos.

▸ **A linha do horizonte** (Behrendt, 2010, p. 22):
- *linha do horizonte*: "linha circular em que a terra ou o mar parecem unir-se ao céu" (p. 1035);
- *linha* de tricotar: "fio de fibras torcidas de linho, de algodão, seda, sintéticas, etc." (p. 1184);
- *linha* bem *definida*: traço bem demarcado.

Após a realização de várias leituras dos poemas do livro concomitantemente à análise e à reflexão sobre a língua, os alunos produzirão (em grupo) textos lúdicos explorando a polissemia, a formação de palavras por composição ou derivação, e as expressões idiomáticas formadas a partir das palavras "ponto" e "linha".

Sugerimos que o professor apresente algumas entre as possibilidades seguintes e as relacione na lousa (com as outras definidas anteriormente), para que os alunos as possam usar em suas criações: alinhado, andar na linha, ao ponto, apontar, assinar o ponto, dois-pontos, dormir no ponto, em ponto, linha aérea, linha lateral, linha reta, linhagem, linho, não dar ponto sem nó, no ponto, ponta, pontada, ponta-direita, ponta-esquerda, pontaria, pontilhado, ponto cardeal, ponto de apoio, ponto de bala, ponto de crochê, ponto de cruz ou ponto-cruz, ponto de equilíbrio, ponto de exclamação, ponto de interrogação, ponto de ônibus, ponto de tricô, ponto e vírgula, ponto morto, pontos de reticências, pontual, pontudo, sair da linha, entre outros.

# Livros sugeridos para ações literárias

**Era uma vez uma bruxa**
• Lia Zatz
• Ilustrações: Rogério Borges
• Editora Moderna
Era uma vez uma bruxa chamada Hildegarda que morava numa casa no meio da mata, cheia de morcegos, aranhas e ratos. A bruxa estava cansada de transformar príncipes em sapos gordos e velhos e resolveu viver novas e horrendas aventuras na cidade grande.

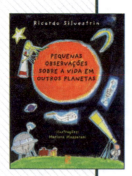

**Pequenas observações sobre a vida em outros planetas**
• Ricardo Silvestrin
• Ilustrações: Mariana Massarani
• Editora Salamandra
Neste livro, Ricardo Silvestrin propõe uma viagem imaginária por mundos que, de tão divertidos e absurdos, fazem o leitor pensar sobre o próprio modo de viver. Ele solta a imaginação e oferece um poema para cada planeta maluco e divertidíssimo que inventou.

## Ponto & Linha
- Mila Behrendt
- Ilustrações: Graça Lima
- Cortez Editora

O ponto, início de tudo, é também a continuação do todo ao tornar-se linha. E, quem diria, pode ser também o fim. *Ponto & Linha* apresenta em forma poética conceitos variados de "ponto" e de "linha" que, unidos, dão significado à vida.

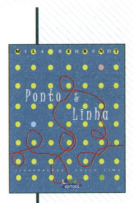

## Menino chuva na rua do sol
- André Neves
- Paulinas Editorial

Ele fala pingos de palavras e enxerga nuvens brincando no céu; mergulha e se banha na água da chuva para, em seguida, evaporar e subir acima das nuvens, de onde vai cair novamente... Na imaginação de uma criança tudo é possível, assim como na poesia.

## O colecionador de águas
- Elaine Pasquali Cavion
- Ilustrações: Lúcia Hiratsuka
- Cortez Editora

Com seu olhar de menino poeta, Francisco tem uma imensidão de motivos para colecionar águas. Ele percebe que elas guardam a simplicidade de tudo o que o faz feliz.

# Para além da sala de aula

É também brincando com palavras e inventando mundos oníricos que Ricardo Silvestrin, em *Pequenas observações sobre a vida em outros planetas*, publicado pela Editora Salamandra, conduz-nos a viagens imaginárias aos planetas Poft, Sujs, Argh, Nasus, Gugus, Samba, Tactac, e a outros mais. Convidamos nosso leitor às pequenas observações de Silvestrin (2004) em nossa primeira atividade.

Sugerimos que se leia o livro propondo-se uma viagem a planetas inimagináveis. Com os alunos sentados em roda, será feita a leitura do conteúdo da capa e serão lançadas as questões: "Que planetas seriam observados?"; "Quais seriam essas observações?"; "Quais os tipos de vida encontrados nesses planetas?" Na maioria das vezes o ambiente lúdico e onírico instaura-se imediatamente, ainda nos primeiros comentários criativos dos próprios alunos, quando então se inicia a viagem lúdica e onírica proposta. Em seguida, serão passadas as páginas do livro e será feita a leitura em voz alta apresentando-se as criativas ilustrações de Mariana Massarani.

O "Planeta ao Contrário", por exemplo, embora tenha sua ilustração disposta na posição convencional, tem seu texto impresso de ponta-cabeça. Portanto, para ser lido, o livro deve ser virado ao contrário (de cabeça para baixo):

**Planeta ao Contrário**

*No Planeta ao Contrário,*
*os velhos dormem no berçário,*
*os bebês ganham salário,*
*quem se confessa é o vigário.*

*A piscina fica no vestiário,*
*o banho é dentro do armário,*
*só tem número no dicionário.*

*Com toda essa inversão,*
*lá é tudo uma confusão?*
*Ao contrário* (Silvestrin, 2004, s/n.).

O "Planeta Perdido", por sua vez, é apresentado em meio a um roteiro confuso e com desfecho divertido:

**Planeta Perdido**

*Pra que lado fica*
*o Planeta Perdido?*
*Dobre à direita,*
*siga galáxia adentro*
*até a última estrela.*
*Ainda não é aí.*
*Siga mais sete planetas*
*e depois vire à esquerda.*
*Quando disser: "Ih, tô perdido",*
*achou* (Silvestrin, 2004, s/n.).

Em meio a risos, expressões de admiração ou asco, reflexões e constatações, alguns alunos costumam dizer espontaneamente que planetas desejam (ou não desejam) conhecer, comentando suas características e exteriorizando impressões.

Em uma das experiências por nós vivenciada na realização dessa atividade, depois da elaboração dos textos pelos alunos, realizamos uma visita ao planetário. Na ocasião, o grande interesse dos estudantes ao contemplarem uma representação do sistema solar, exposta na parede do prédio com a imagem e a descrição dos planetas, conduziu a turma à idealização do projeto de elaboração de um sistema planetário com nossos planetas imaginários em uma das paredes do pátio da escola.

Providenciamos, então, a digitação e impressão dos textos revisados (em tamanho equivalente a "Arial 18"), para que figurassem com as ilustrações dos planetas feitas pelas crianças. Ao perguntarmos em torno de que astro (estrela) nossos planetas orbitariam, os alunos debateram até optar por representar o centro do sistema com uma "clave de sol" dourada, como sugere Silvestrin (2004, s/n) no poema "Planeta Nota".

Em nosso sistema planetário, foram traçadas as rotas de viagem (tracejadas, feitas com pequenos pedaços de fita adesiva branca). A exposição foi visitada por alunos de outras turmas e por familiares sob a orientação guiada dos alunos, tendo sido preservada até o fim do ano, na ocasião da feira cultural da escola.

# Para conhecer mais

CADEMARTORI, Lígia. *O que é literatura infantil*. 3. ed. São Paulo: Brasiliense, 1986.

COELHO, Nelly Novaes. *Panorama histórico da literatura infantil/juvenil*: das origens indo-europeias ao Brasil contemporâneo. São Paulo: Ática, 1991.

GÓES, Lúcia Pimentel. *Introdução à literatura para crianças e jovens*. São Paulo: Paulinas Editorial, 2010.

SANDRONI, Laura. *De Lobato a Bojunga*: as reinações renovadas. Rio de Janeiro: Agir, 1987.

↘ **CAPÍTULO 3**

# A literatura infantil e a tradução de saberes

*Livros que ajudam a transformar*

*A literatura infantil, com seu potencial renovador característico da criação artística, pode proporcionar a ampliação da visão de mundo e um refinamento na compreensão de vivências por parte das crianças* (Paiva; Rodrigues, 2009, p. 107).

# Literatura infantil: o político, o coletivo e o estético

O momento histórico presente caracteriza-se por uma evidente crise dos modelos até então estabelecidos e dominantes, sejam os paradigmas de conhecimento e tecnologia, sejam de comunicação e informação, sejam de interação e relação humana, sejam de modo de vida e de relação com a natureza etc. A educação tem sido revisitada por vários pesquisadores a partir de conceitos e problematizações de pensadores que nos chamam a atenção para a concomitante gravidade e potencialidade da presente crise. Entre os diversos autores que potencializam discussões relevantes à abordagem por nós proposta, tomamos alguns como intercessores no presente capítulo por potencializarem reinvenções e transformações nos possíveis usos da literatura infantil no âmbito da educação.

Considerada desde seu surgimento um gênero menor, a literatura infantil é reconhecida pelos pesquisadores que sobre ela se debruçam como possuidora de maior amplitude de alcance e de caráter mais democrático do que a "literatura" dita maior (não adjetivada). Isso se deve ao fato de a boa literatura infantil ter por virtude abranger não apenas crianças de várias idades, mas também adultos de distintos graus ou níveis de letramento, despertando interesse e encantando pessoas de todas as idades por seus aspectos lúdico e maravilhoso, político e coletivo, tecidos em meio à plurissignificação e à estética dos recursos simbólicos nela presentes.

Nesse gênero literário, encontram-se, de um lado, o caráter educacional, que desde sua gênese se faz presente como formador de mentalidades, propagador de ideologias, mantenedor ou questionador de estratos sociais, valores e condições preestabelecidas; de outro, o aspecto artístico promovendo rupturas, reinvenções e recriações na linguagem, nas verdades, no mundo, na realidade representável, no imaginário, nas ideias. Na literatura infantil de qualidade, a política une-se à estética em obras de valor literário inquestionável.

Se Bakhtin e Volochínov (2004, p. 46) afirmam que "o signo se torna a arena onde se desenvolve a luta de classes", ressaltando que este, ao ser colocado às margens das lutas de classes, debilita-se e degenera-se em alegoria, deixando de ser "um instrumento racional e vivo para a sociedade" (Bakhtin; Volochínov, 2004, p. 46). Por sua vez, Hall (2003a; 2003b) defende que, assim como o signo, a cultura é arena onde se dão as lutas de classe pelo significado tanto dos signos quanto das práticas culturais a ela inerentes. Em outras palavras, a cultura, tal como o signo, não possui em si a conotação determinada por uma classe específica, podendo perder sua ancoragem na luta em torno das cadeias de significação. Para o autor, signo e cultura são plurivalentes; portanto, se a classe dominante tenta torná--los monovalentes para ocultar a luta dos índices sociais de valor neles presentes, torna-se necessário lançar mão das metáforas da transformação como mecanismos que

> nos permitem imaginar o que aconteceria se os valores culturais predominantes fossem questionados e transformados, se as velhas hierarquias sociais fossem derrubadas, se os velhos padrões e normas desaparecessem ou fossem consumidos em um "festival de revolução", e novos significados e valores, novas configurações socioculturais, começassem a surgir (Hall, 2003b, p. 219).

Se, como dissemos no início desta seção, a literatura infantil tem sido há tempos considerada um gênero menor com relação à "literatura" dita maior (não adjetivada), é fundamental que promovamos um movimento a partir da metáfora da transformação, rejeitando a valência imposta no significado amplamente aceito do termo "literatura menor" como literatura de menor qualidade e de menor relevância, e lutando pelo estabelecimento e consolidação de outras entre as tantas valências possíveis, por exemplo, a proposta por Gilles Deleuze e Félix Guattari (2003).

Para esses autores, a literatura menor é imediatamente social e política. Pertence "à língua que uma minoria constrói numa língua maior" (Deleuze; Guattari, 2003, p. 38); nela, tudo é político e tudo toma um valor coletivo. Um escritor menor (como Kafka), que produz uma literatura menor, atua como um médico da cultura, transformando os signos do mundo por meio de seu trabalho. A língua é coletiva; portanto, um escritor menor agencia, por meio de sua literatura menor, como prática sociopolítica, a mediação da voz coletiva e reinventa a linguagem, revelando uma língua estrangeira na própria língua por meio dos tropeços que promove na língua estabelecida e convencional (a mesma que estabelece e defende os valores consolidados e dominantes). Estilo e estética possuem função política na literatura menor.

Segundo os autores, "menor" não qualifica determinadas literaturas, mas sim as condições revolucionárias dessas literaturas diante da "literatura" dita maior (não adjetivada). A literatura infantil, buscando a língua de minorias dentro de uma língua maior, em sua proposta política e coletiva, efetiva uma desterritorialização da língua maior por meio de tropeços, gaguejos, balbucios, tagarelices, brincadeiras, sonhos, criações e invencionices para as crianças e com as crianças, que vivem em uma língua que não é sua, uma língua maior que ainda não conhecem (ou que mal conhecem) e "que são obrigados a utilizar" (Deleuze; Guattari, 2003, p. 43).

Defendemos, em suma, o reconhecimento da literatura infantil como literatura menor no sentido proposto por Deleuze e Guattari (2003): como prática sociopolítica, mediação da voz coletiva e reinvenção da linguagem na qual estilo e estética desempenhem funções políticas e coletivas.

# A literatura infantil como tradução de saberes

Com o advento da Modernidade, ocorre a primeira ruptura epistemológica, como afirma Boaventura de Sousa Santos (2005). Na ocasião, o discurso da ciência moderna desvincula-se do senso comum, dos saberes populares e não científicos, passando a ser defendido como saber total e hegemônico, verdadeiro e dominante.

Doravante, os saberes não científicos passam a ser considerados inválidos mesmo diante de questões às quais o saber dominante não responde suficientemente. Sim, apesar de ter favorecido uma série de avanços tecnológicos, o discurso hegemônico da ciência moderna respondeu de modo insuficientemente fraco a algumas questões que nos provocam imensa perplexidade diante do horizonte de possíveis escolhas, como as concernentes: a diversidade e dignidade humanas; à possibilidade de haver uma alternativa ao capitalismo na solução da fome, da desnutrição, das pandemias; à contradição das ações realizadas em nome da paz perpétua que produziram a guerra perpétua atual, e ao prometido controle da natureza pela ciência que gerou um descontrole ambiental que ameaça a humanidade. Por essa razão, Santos (2008b) afirma que o período de transição decorrente da crise do modelo dominante caracteriza-se como um tempo de perguntas fortes e respostas fracas, pois tais respostas não colocam em questão o horizonte de possibilidades e, por essa razão, não amenizam nossa perplexidade podendo mesmo aumentá-la.

Ademais, em razão da primeira ruptura epistemológica que criou um abismo entre o discurso da ciência e o discurso do senso comum, impedindo que se buscasse em saberes não científicos possíveis respostas e alternativas a essas questões, o  discurso da ciência moderna, por meio da escrita científico-acadêmica, tornou-se inacessível à grande maioria da população.

Ao propagar-se e divulgar-se como saber abrangente e total (razão metonímica), o saber dominante impôs-se sobre as outras possibilidades de saber, contraindo o presente por não permitir que nele se façam "presentes" alternativas para os "problemas presentes", que não as suas.

Ao anunciar a partir de suas verdades um futuro possível (razão proléptica), esse saber expande o futuro tornando-o tão distante como as soluções por ele propostas, impedindo assim a emergência de outros saberes e de outras possibilidades que ficam à mercê da espera de um futuro prometido.

Santos (2008a) defende a necessidade de que se desenvolva uma razão cosmopolita em que se façam presentes: a sociologia das ausências, que expanda o presente permitindo que nele se façam presentes os saberes e respostas ausentes (por haverem sido calados); a sociologia das emergências, que contraia o futuro expandido pelo discurso hegemônico, favorecendo e reconhecendo a experiência presente no mundo atual, dando voz aos tantos saberes subalternizados não como promessa de futuro, mas como efetivação de um mundo melhor no presente e a partir do presente.

Como que imersos em uma espécie de descrença generalizada, deixamos de acreditar não apenas nos saberes excluídos, não científicos, em virtude da primeira ruptura epistemológica, mas também no discurso científico hegemônico, ora em crise. Segundo Santos (2008a), hoje os derrotados já não se interessam pelo futuro, pois justamente na promessa de futuro apregoada pelas vozes oficiais do saber moderno surgiu a sua derrota. O futuro perdeu sua capacidade de redenção. Sendo assim, faz-se necessário reinventar o passado e expandir o presente por meio de um trabalho de tradução dos saberes subalternizados no qual eles possam coexistir de modo que seus sujeitos praticantes se estabeleçam como protagonistas. A contração do futuro, a expansão do presente e o trabalho de tradução entre os saberes possibilitarão a "justiça cognitiva global" que facultará a "justiça social global".

Santos (2005) ressalta ainda a importância de que se promova uma segunda ruptura epistemológica que, diferentemente da primeira (que separou o discurso da ciência do discurso do senso comum), favoreça a tradução do discurso da ciência moderna para o senso comum e a transformação do conhecimento científico em um senso comum novo e emancipatório. Para tanto é fundamental tornar a ciência transparente partilhando-se as significações, para que, dita com clareza e de modo democrático, ela possa ser traduzida em autoconhecimento e em sabedoria de vida.

Consideramos que a literatura infantil, em sua potencialidade, sua inventividade e sua recriação, unindo o universo onírico ao lúdico por meio de abordagem ética, política, coletiva e estética, seja um instrumento fundamental nesse processo no sentido de favorecer o trabalho de tradução de saberes científicos para o senso comum, para que a população em geral e as crianças que herdarão o legado da civilização tenham acesso não apenas a questões que provocam nossa perplexidade, mas a discussões e possibilidades de alternativas lançadas por grandes pesquisadores e pensadores que têm se empenhado na abertura de espaço para o diálogo entre saberes.

A literatura infantil é terreno propício ainda à ecologia de saberes (Santos, 2008a) por favorecer de modo democrático a propagação e a tradução de saberes diversos, não apenas por meio da tradução do saber hegemônico para o senso comum (como sugerido anteriormente), mas também por meio da promoção de diálogos entre os mais distintos saberes, crenças, artes e pensamentos de modo estético, coletivo, político e ético.

# A escritura como reinvenção do mundo e a leitura como operação de caça

A literatura infantil também se configura como gênero de escritura potente, em seus usos e reinvenções, para promover e deflagrar novos usos e reinvenções por parte do leitor, pois, segundo Michel de Certeau (2009, p. 240), "ler é peregrinar por um sistema imposto". Faz-se necessário, portanto, "ouvir esses frágeis efeitos de corpo na língua, vozes múltiplas, afastadas pela triunfal *conquista* da economia que [...] se titularizou sob o nome de escritura" (Certeau, 2009, p. 201).

O jogo escriturístico remete à realidade da qual se diferenciou para mudá-la, afirma Certeau (2009). A escritura tem por funções transformar as informações internas e externas à tradição e permitir que suas regras e seus modelos transformem o meio. A página realiza, dessa forma, uma inversão do processo industrial: as coisas que nela entram são efeito da passividade de um sujeito perante a tradição; as coisas que dela saem indicam seu poder de fabricar objetos. "No final das contas, a empresa escriturística transforma ou conserva dentro de si aquilo que recebe do seu meio circunstancial e cria dentro de si os instrumentos de uma apropriação do espaço exterior" (Certeau, 2009, p. 205). A página estoca o que é selecionado e que se expande.

Ao mesmo tempo que a escritura reinventa o mundo e diferencia-se da realidade para transformá-la, também remete a um "código" em suas operações de retirar e de acrescentar, sub-

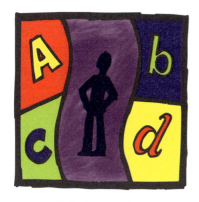

metendo os corpos a uma norma, fazendo que os corpos digam essa norma. É assim que a escritura, fazendo uso dos vínculos entre "'nossas naturezas' infantis e as discursividades sociais" (Certeau, 2009, p. 219), conduz-nos a uma credibilidade no discurso que faz mover e que produz sujeitos praticantes. Portanto, a escritura faz dizer, faz crer, faz fazer e faz praticar, ao falar em nome de um real.

Enquanto a escritura (mesmo sendo reinvenção do mundo, transformação do real) vincula-se a um aparente controle estratégico como espaço do poder e de normatização que acumula, estoca e resiste ao tempo, a leitura constitui uma espécie de "bricolagem" (um fazer com as próprias mãos aquilo que se destina ao próprio uso), uma operação de caça, o campo no qual se pode dar a produção de táticas, pois ela, a leitura, "não tem garantias contra o desgaste do tempo (a gente se esquece e esquece) não conserva ou conserva mal a sua posse, e cada um dos lugares por onde ela passa é repetição do paraíso perdido" (Certeau, 2009, p. 245).

O leitor, desse modo, escapa tanto da lei do texto como do meio social, pois "onde o aparelho científico (o nosso) é levado [...] a supor as multidões transformadas pelas conquistas e as vitórias de uma produção expansionista, é sempre bom recordar que não se devem tomar os outros por idiotas" (Certeau, 2009, p. 248).

Exemplificamos a seguir as reinvenções procedidas tanto na escrituração como no processo de leitura da obra de Júlio Verne, autor francês considerado "pai da ficção científica", "um dos mais populares do seu tempo" (Coelho, 1991, p. 175). Para Foucault (1969), a obra de Verne não é a ciência tornada recreação, mas sim uma "[...] re-criação[5] a partir do discurso da ciência" (Foucault, 1969, p. 18).

De início, nós nos perguntamos: de que modo se estabelece a recriação de Verne do discurso hegemônico das ciências modernas, a ponto de ter sido amplamente aceita e utilizada nas escolas - inclusive cobrindo os tempos e espaços livres das crianças, não

---

**5 -** "Jogo de palavras com o vocábulo *création*, que em francês tem a mesma grafia em recreação e criação" (Foucault, 1969, p. 18).

apenas nos momentos em que se afrouxava a vigilância nas salas de aula, mas também nas bibliotecas e no ambiente extraescolar?

Na obra de Júlio Verne, é possível detectar trechos em que se faz presente de modo claro e inequívoco o discurso científico, ao mesmo tempo que o autor o recria e reinventa. Fundamentados em Santos (2005), pudemos destacar na literatura de Verne aspectos inerentes ao discurso hegemônico da ciência moderna, como: a quantificação, a divisão e a classificação metodológicas; a pressuposição de tempo e espaço absolutos tomados como referenciais; sua ruptura para com o senso comum; seu caráter capitalista e sexista; a cisão entre ser humano e natureza e o domínio desta pelo homem; o caráter retórico da ciência; entre outras de suas características (Moraes, 2012). Por outro lado, a reinvenção do mundo que o autor promove é o que lhe permite ir (e nos levar) muito além do que podiam os cientistas de seu tempo. É nessa reinvenção que ele transforma e cria em suas palavras: as profundezas dos mares, o espaço sideral, as regiões mais recônditas e inóspitas de nosso planeta.

No entanto, para além da reinvenção do discurso da ciência, Verne permite-nos a reinvenção da leitura de sua escritura como movimentos de fuga, operações de caça (como nos permite todo e qualquer movimento de leitura). Atestamos esse movimento de fuga, essa operação de caça, por meio da citação seguinte, tomada do texto publicado por Olavo Bilac (1916, p. 31-33) na ocasião da morte de Júlio Verne:

*Quantas vezes, também, como aquele menino que saíra da sala da Biblioteca [Nacional] e ali gozara e sofrera tanto com a leitura de Júlio Verne -, quantas vezes também eu devi a esse grande encantador de almas o consolo único dos meus sofrimentos de criança!*

*Júlio Verne era um criador de mundos novos, que se rasgavam ante o meu espírito inquieto.*

*Como eu era criança, como ninguém sabia esclarecer à minha alma, como não havia quem me explicasse a vida, este mundo, em que vivia, só me parecia hostil e cruel. [...] E, para mim, esta vida era uma coisa torpe, um cativeiro ignóbil e torturante, em que tudo era severo e duro, e sobre o qual pairava ameaçadora, numa eterna inclemência, a sombra da negra palmatória do cônego Belmonte, meu mestre...*

*Graças, porém, a Júlio Verne, eu fugia, num surto vitorioso, deste mundo que me aborrecia, e entrava, cantando, vestido de luz, sorrindo, delirando, nos mundos radiantes que a sua piedade abria à minha imaginação.*

*No colégio, todos nós líamos Júlio Verne; os livros passavam de mão em mão; e, à hora do estudo, no vasto salão de paredes nuas e tristes -, enquanto o cônego dormia a sesta na sua vasta poltrona, e enquanto o bedel, que era charadista, passeava distraidamente entre as carteiras, combinando enigmas e logogrifos -, nós mergulhávamos naquele infinito páramo do Sonho [...].*

*E, quando os meus olhos pousavam sobre a última linha de um desses romances, quando eu me via de novo no salão morrinhento e lúgubre, quando ouvia de novo o ressonar do cônego e as passadas do bedel charadista -, havia em mim aquela mesma súbita descarga de força nervosa, aquele mesmo afrouxamento repentino da vida, aquele mesmo alívio misturado de tristeza, a que, há poucas semanas, na sala da Biblioteca Nacional vi sucumbido o rapazola que lia a "Viagem à roda da Lua" [...].*

*O que eu venero e amo no homem [Júlio Verne], que acaba de morrer, não é o seu papel de precursor e de profeta: é o seu papel de enfeitiçador e consolador de almas, de fecundador de imaginações.*

# Interações discursivas e signos ideológicos

Bakhtin e o Círculo defendem que as palavras, como signos ideológicos, carregam valores, dão o tom do discurso, são valorativas. Por essa razão, o autor-criador, ao proceder à escolha de uma palavra ou de outra, realiza um recorte estético e ético diante do fato narrado. Estético pela escolha da palavra, pelo recorte, pela escolha sintática. Ético no estabelecimento do tom, do juízo de valor. Portanto, em sua expressão estética, o autor coloca-se eticamente, posiciona-se ideologicamente, criando no outro uma atitude responsiva que pode ser de concordância, anuência e ação. O leitor, por sua vez, ao ler, posiciona-se responsivamente diante do discurso, interagindo com ele, resgatando de sua bagagem cultural e de sua memória discursiva, ideologias, para entender a fala do outro (Santos, 2011, p. 50).

Assim, por se realizar por meio de enunciações concretas, o discurso não é neutro, mas está perpassado pelas ideologias sociais e dos sujeitos sócio-historicamente constituídos.

Em todo enunciado, segundo Voloshinov e Bajtin (1997), há uma ligação entre a parte verbal (a palavra) e a extraverbal (a dimensão social) estabelecida a partir de três fatores: o horizonte espacial e temporal comum aos interlocutores (quando e onde ocorre a enunciação); o horizonte temático (do que se fala), e o horizonte axiológico (entonação valorativa).

Para entendermos o sentido do enunciado, seu contexto social deve ser estudado articulando-se os três fatores enumerados anteriormente, considerando-se que a situação extraverbal é parte constitutiva da estrutura da significação. O enunciador, em um espaço e um tempo específicos, seleciona os recursos necessários da língua para compor verbalmente seu texto, avaliando a situação; ou seja, sua expressão verbal, além de refletir o respectivo contexto, integra uma valoração. De modo que, a cada novo enunciado, surge outra significação, determinada pela interação entre o enunciador (autor), o seu interlocutor (o leitor) e o tópico do discurso (o que ou quem).

Na leitura, as negociações de significações dão-se no processo de interação entre autor, leitor e o tópico do discurso, considerando-se os aspectos ideológicos discursivos, pois o signo é, como dissemos anteriormente, uma arena de lutas onde se confrontam possíveis (e contraditórios) valores e significados. Segundo Bakhtin e Volochínov (2004, p. 47-48, grifos dos autores),

> *classes sociais diferentes servem-se de uma só e mesma língua. Consequentemente,* em todo signo ideológico confrontam-se índices de valor contraditórios. *O signo se torna a arena onde se desenvolve a luta de classes. Esta plurivalência social do signo ideológico é um traço da maior importância. Na verdade, é este entrecruzamento dos índices de valor que torna o signo vivo e móvel, capaz de evoluir. O signo, se subtraído às tensões da luta social, se posto à margem da luta de classes, irá infalivelmente debilitar-se, degenerará em alegoria, tornar-se-á objeto de estudo dos filólogos e não será mais um instrumento racional e vivo para a sociedade. [...]*
> *Mas aquilo mesmo que torna o signo ideológico vivo e dinâmico faz dele um instrumento de refração e de deformação do ser. A classe dominante tende a conferir ao signo ideológico um caráter intangível e acima das diferenças de classe, a fim de abafar ou de ocultar a luta dos índices sociais de valor que aí se trava, a fim de tornar o signo monovalente.*

É importante observarmos que, por vezes, a literatura infantil promoverá lutas por significações que fujam da valência imposta visando a transformação de valores consolidados (alguns carregados de discriminações). Essa luta política, coletiva e ética se dará em meio à estética inventiva, lúdica e onírica da literatura infantil.

Nesse ponto, cabe destacarmos a necessidade de que o professor esteja atento à presença ou não do caráter específico do texto literário nas obras por ele analisadas para a prática do letramento literário. Vale lembrar que, segundo Aparecida Paiva e Paula Cristina de Almeida Rodrigues (2009), o texto literário destinado ao público infantil possui especificidades e lógica distintas daquelas concernentes à "literatura" dita maior (não adjetivada).

# Letramento literário com livros que ajudem a transformar

Paiva e Rodrigues (2009) distinguem os textos paradidáticos da literatura infantil, sendo o primeiro mais um recurso de aprendizagem de conteúdos e valores do que um texto com tratamento literário. Para as autoras (2009, p. 109),

> *é possível imaginar escolhas por textos com proposta lúdica e envolvente, que tratem de temas - que talvez sejam pouco*

*familiares ao ambiente escolar - e que sejam tratados formal-
mente de modo a favorecer o trabalho com os recursos expressivos da linguagem.*

*Dentro dessa variedade, a atenção às escolhas por parte do
professor torna-se fundamental para que ele possa trabalhar,
adequadamente, o texto literário na sala de aula, ou seja, a
seleção dos livros de literatura a serem lidos deve correspon-
der a objetivos de leitura que levem ao desenvolvimento do
letramento literário, favorecendo a ampliação de gêneros e a
diversidade temática na interação ficcional e poética.*

Por fim, ressaltando ainda o caráter político e coletivo in-
dissociável do estético na literatura infantil, destacamos a importância de se considerar "os homens como seres em devir,
como seres inacabados, incompletos em uma realidade igualmente inacabada e juntamente com ela" (Freire, 1980, p. 81).

Sabedores das diferenças existentes entre a abordagem
dialética e crítica de Freire (1980), a abordagem dialógica de
Bakhtin e o Círculo e as abordagens pós-críticas, pós-coloniais
e pós-estruturalistas de Santos (2005, 2008a, 2008b), Hall
(2003a, 2003b), Certeau (2009), Foucault (2003), Deleuze
(2003), consideramos a relevância de seus usos neste trabalho
tendo em vista a potencialidade de tais autores na sustentação
e no respaldo do que aqui nos propomos a realizar sem em nenhum momento havermos, a nosso ver, ferido nenhuma dessas
linhas teóricas. Defendemos essa possibilidade com o intuito

de promovermos conversações viáveis entre filosofias e teorias distintas, como nos sugere Santos (2008b), considerando extremamente relevante que busquemos ainda, por meio de nossas atitudes e ações, promover conversações, em pé de igualdade, entre tais autores e os tantos sujeitos da escola "como tentativa de pensar *com* eles e não de pensar *sobre* eles" (Ferraço, 2011, p. 19, grifos do autor). Nesse sentido, consideramos as práticas de letramento literário como ações políticas, coletivas e estéticas que viabilizem transformações, mudanças, fugas, reinvenções, emancipações, liberdades, solidariedades, afecções. Práticas de letramento com "livros que ajudem a transformar" (*O semeador de livros*, 2010).

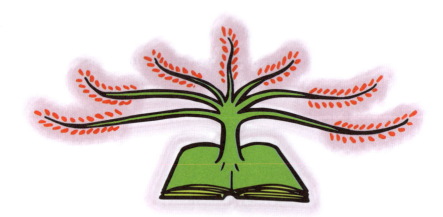

# Por uma ação reflexiva

Lançamos as seguintes reflexões sobre as práticas de sala de aula: "Em que sentido você tem questionado, por meio do letramento literário, os comportamentos, as atitudes e os modos de pensar arraigados em nossa cultura que promovem discriminações e exclusões?"; "De que modo é possível dar ao termo 'literatura menor' (quando atribuído à literatura infantil) uma conotação que potencialize seu caráter estético, político e coletivo de reinvenção da linguagem?"; "Por meio de que práticas você considera que está contribuindo para a constituição de leitores que, para além de vislumbrarem nos procedimentos de leitura uma 'operação de caça', uma reinvenção, compreendam a leitura como espaço-tempo de paciência, de atenção, de prazer, de experiência, de encontro com o outro?"

# Proposta prática:
## livros que ajudem a transformar

Livros que ajudem a transformar mentes e despertar humanidades. Sim. Ao transitarmos por esse tema, propomos conversações nutridas pela experiência de bons encontros, de "deixar-se passar" e "permitir-se transformar" por meio do ato de leitura, deixando de lado compreensões que acomodam.

Mas, pergunta-nos Jorge Larrosa (2004, p. 16): "Como fazer para que a leitura não vá mais além dessa compreensão problemática, demasiado tranquila, na qual só lemos o que já sabemos ler?" O próprio autor nos responde em seguida:

*- Com um fazer que tenha a forma de uma interrupção: se não interrompemos, na mesma língua, o uso normal da língua, somente entendemos o que já se adapta a nossos esquemas prévios de compreensão.*

*- Interromper o que já sabemos ler [...]. Para dar a ler é preciso esse gesto às vezes violento de problematizar o evidente, de converter o conhecido, de desenvolver certa obscuridade ao que parece claro.*

Para o autor, a experiência não é aquilo que passa, que acontece ou que toca, mas sim aquilo que nos passa, que nos acontece, que nos toca. No entanto, embora tantas coisas se passem em nossos dias, a experiência tem se tornado cada vez mais rara pelo excesso de informação e de opinião (que diferem da experiência), pela falta de tempo e pelo excesso de trabalho. Segundo Larrosa (2004, p. 160), tornou-se rara a experiência de paciência, atenção e paixão ativa de um sujeito que está aberto à própria transformação como uma condição de renascimento:

*A experiência, a possibilidade de que algo nos passe, nos aconteça, nos toque, requer um gesto de interrupção, um gesto que é quase impossível nos tempos que correm: requer parar para pensar, para olhar, parar para escutar, pensar mais devagar, olhar mais devagar e escutar mais devagar; parar para sentir, sentir mais devagar, demorar-se mais nos detalhes, suspender a opinião, suspender o juízo, suspender a vontade, suspender o automatismo da ação, cultivar a atenção e a delicadeza, abrir os olhos e os ouvidos, falar sobre o que nos acontece, aprender a lentidão, escutar os outros, cultivar a arte do encontro, calar muito, ter paciência e dar-se tempo e espaço.*

Propomos, portanto, nesta seção, práticas de letramento literário que viabilizem experiências efetivas com livros que ajudem a transformar e que prezem menos pela formação de opiniões e pela consolidação de informações e mais pela paciência e atenção de dar-se tempo e espaço, de se permitir bons encontros.

Para tanto, acreditamos que a pluralidade cultural que se faz presente na moderna literatura infantojuvenil "poderá chegar ao nosso aluno por meio do texto literário de qualidade, do texto que o leve a formulações de perguntas e a indagações, que não apresente estereótipos como ponto de partida, que não fira a ética e a estética" (Borba, 2006, p. 111). A leitura literária não servirá de ponto de chegada, mas de ponto de partida para outras leituras, para indagações e questionamentos, para problematizações e descobertas. A literatura, por sua vez, "deverá fazer pensar, questionar, decifrar e interrogar e, depois de nos exigir algum esforço, nos fará sair dela diferentes, transformados de alguma forma. E para nos transformar, deverá nos atrair, viver dentro de nós" (Borba, 2006, p. 111).

Como primeiro livro, sugerimos *Na minha escola todo mundo é igual*, de Rossana Ramos, publicado pela Cortez Editora. O livro apresenta uma escola onde se aprende que não existe perfeição e transita em versos pelas diferenças dos sujeitos presentes na escola, mostrando que, mesmo com tantas diferenças, não há diferentes que se distingam de um modelo normalizador, de um padrão.

Nesse sentido, Santos (2008a, p. 136) defende: "Temos o direito a ser iguais sempre que a diferença nos inferioriza; temos o direito a ser diferentes sempre que a igualdade nos descaracteriza". Portanto, o livro propõe-nos a busca por essa igualdade em um momento em que a exclusão vira moda e espetáculo diário nos tantos *reality shows* que excluem, destacam diferenças por meio de comentários pejorativos, desvirtuam o conceito de coletividade. No livro, a ideia de que, mesmo com todas as diferenças, os alunos têm o direito de ser iguais, rompe com o mecanismo de inferiorização e de diminuição presente no arraigado processo de constituição de "diferentes" que toma como referência um modelo de normalidade comportamental, fisiológico, mental, corporal, afetivo, emocional, socioeconômico, cultural, étnico, racial, regional, etário e de gênero.

Após a leitura do livro, prezando-se pela produção de sentido por parte dos alunos, o professor fará uma roda com a turma, colocando no centro uma cartolina e almofadas de carimbo de pelo menos duas cores diferentes (vermelha e azul, por exemplo). As crianças criarão uma imagem na cartolina carimbando "somente com o polegar direito" (ou outro dedo ou parte do corpo escolhido previamente e que possibilite a participação de todos). Cada aluno só poderá carimbar uma digital em cada rodada, contribuindo com a criação de uma imagem sem acordo prévio. O professor prezará para que os alunos não imponham desenhos a outros e para que respeitem mutuamente suas escolhas.

Por fim, depois que a folha tiver várias digitais, todos poderão se aproximar para observar as diferenças sutis entre as digitais, tentando inclusive identificar suas marcas em meio a tantas outras. A partir dessa atividade, o professor poderá destacar o quanto as diferenças existentes se diluem (embora permaneçam) em uma ação coletiva, em um convívio que preze pelo respeito ao outro.

Então, individualmente (ou em grupo), cada aluno (ou grupo) produzirá um texto sobre um mundo onde todos os seres tenham as próprias diferenças, sendo esta a semelhança que os iguala uns aos outros: todos possuírem suas próprias diferenças e as respeitarem. Como estímulo à criação, pode-se sugerir a seguinte situação que será lida e explicada às crianças utilizando-se linguagem próxima a sua fala cotidiana:

> Você viajou para um planeta onde todos os seres são diferentes uns dos outros: no jeito de ser e de ver o mundo, no formato, no tom da pele, na idade, na altura, na forma de se locomover, de falar, de ver, de sentir, de pensar. O curioso foi perceber como cada um deles respeita as suas próprias

*diferenças e as diferenças dos outros, sem se achar melhor ou diminuir e desvalorizar o outro. Então, por terem cada um suas diferenças e por se respeitarem, esses seres se parecem. Nisso eles são iguais.*

*Na sua viagem, você viu algumas coisas curiosas, presenciou acontecimentos interessantes e agora vai poder compartilhá-los em seu relato.*

Depois de prontas, as produções escritas dos alunos, ainda com marcas de oralidade, serão lidas pelo professor que, na aula subsequente, os auxiliará no processo de autocorreção e de paráfrase de suas próprias produções com o intuito de adequar sua linguagem ao gênero do discurso "relato". Segundo Costa (2008, p. 159), isso corresponde a uma narração não ficcional sobre acontecimentos ou fatos "feita geralmente usando-se o pretérito perfeito ou o presente histórico". Por fim os relatos poderão ser organizados em um livro.

Sugerimos como segunda atividade a leitura do livro *Faca sem ponta, galinha sem pé*, de Ruth Rocha, publicado pela Editora Salamandra. A leitura será intercalada a paráfrases orais[6]

---

**6 -** Aos nos referirmos à criação de paráfrases orais, defendemos dessa forma o favorecimento da produção de sentido por parte do aluno. Não estamos em nenhum momento subestimando sua capacidade linguística; muito ao contrário, propomos assim a valorização do vasto conhecimento linguístico prévio do aluno que pode e deve ser tomado como um caminho viável na ampliação do desenvolvimento de habilidades e conhecimentos da modalidade escrita (em seus diversos de gêneros), em alguns casos muito distantes de seu cotidiano, principalmente no que diz respeito às crianças de meios iletrados.

dos trechos com linguagem próxima à fala dos alunos objetivando a sua produção de sentido (Terzi, 1995). Ao fim da leitura, o professor cuidará de resumir o livro em linguagem que se aproxime à dos alunos.

O livro conta a história de Joana e Pedro, dois irmãos que ora mantinham as tradições do que se determina socialmente como comportamento de menino e de menina, ora tinham atitudes que rompiam com esses lugares sociais (Joana sentia vontade de jogar bola, Pedro tinha vontade de chorar, Joana queria subir em árvores, Pedro desejava se olhar no espelho). Até que um dia eles passaram por baixo de um arco-íris e então Joana virou "Joano" e Pedro virou "Pêdra". Mas ainda com essas mudanças as coisas não foram nada fáceis, pois o que se esperava deles eram comportamentos relativos aos novos gêneros. De modo lúdico e envolvente, a história promove reflexões acerca dos aspectos culturais que, com o tempo, são naturalizados, levando-nos a questionar sobre os nossos modos de pensar e de agir, querendo entender por que tantos comportamentos culturais são tomados como corretos e tantas concepções se tornam a mais pura verdade.

Foucault (2003) ajuda-nos a problematizar e a questionar essas verdades. O autor francês refere-se aos regimes de verdade vinculados ao campo de saber e aos mecanismos de poder, bem como às formações discursivas que os tornam possíveis e viáveis. As verdades, para Foucault (2003), são provisórias e dizem respeito aos saberes e aos poderes de cada época ou de cada local. A compreensão desse fato nos auxilia a abandonar a ênfase na verdade única e nos conduz à reflexão dos processos de constituição de algo como verdade.

Depois de conhecerem o livro, os alunos escutarão a leitura do seguinte relato:

### Os cinco macacos

*Uma equipe de cientistas colocou, bem no centro de uma jaula, uma escada que levava a um cacho de bananas maduras e depois prendeu cinco macacos nessa jaula. A cada vez que um macaco subia na escada para pegar bananas, era ativado um jato de água fria que molhava todos os outros que estavam no chão.*

*O tempo passou, e, para evitar novos banhos de água fria, sempre que algum macaco tentava subir as escadas para apanhar bananas, os outros impediam dando-lhe uma surra. Até que, com medo da surra, nenhum daqueles macacos ousou novamente subir na escada. A equipe de cientistas tirou um dos macacos do grupo e colocou no seu lugar outro símio que, logo ao entrar na jaula subiu na escada para pegar bananas e levou uma surra. Depois de um tempo, esse novo macaco aprendeu que não deveria subir naquela escada.*

*Então os cientistas substituíram mais um dos macacos do primeiro grupo por outro macaco novo que, ao tentar subir na escada, levou uma surra (não apenas dos três macacos do grupo inicial, mas também do primeiro macaco novo).*

*Assim os cientistas fizeram, trocando mais um macaco do primeiro grupo por outro novato (tudo se repetiu, tendo este terceiro macaco apanhado também dos dois primeiros novatos).*

*O mesmo ocorreu quando substituíram o quarto e o quinto macacos do grupo inicial por macacos novatos.*

*Por fim, a jaula era habitada por cinco macacos que nunca haviam tomado um jato frio, mas que ainda assim batiam em qualquer um que tentasse subir na escada. Sem saber exatamente por que faziam isso, eles agiam desse modo simplesmente porque assim haviam aprendido.*

*E se cada um deles pudesse dizer por que razão age desse modo, talvez respondesse: "Não sei direito, as coisas aqui são assim e sempre foram assim".*

A partir das leituras, os alunos serão convidados a refletir sobre o nascimento dos modelos de pensamentos, de comportamentos e de atitudes que adotamos como verdadeiros e corretos, por meio de uma roda de conversa proposta pelo professor a partir das seguintes questões: "Por que será que dizem que menina não pode jogar bola e que menino não pode chorar?"; "Por que será que dizem que menina não pode subir em árvores e que menino não pode se admirar no espelho?" Individualmente ou em grupo, as crianças escreverão sugestões para que Joana e Pedro convivam melhor com esses conflitos, prezando sempre pelo respeito a si mesmos e aos outros. Nesse processo de produção, mediado pelo professor, serão contemplados os temas transversais (ética, orientação sexual, meio ambiente, saúde, pluralidade cultural e trabalho e consumo) e questões sérias do mundo contemporâneo (que dizem respeito diretamente à geração que educamos). Como afirma Benjamin (1994, p. 236), "a criança exige dos adultos explicações claras e inteligíveis, mas não explicações infantis, e muito menos as que os adultos concebem como tais"; ademais, ela aceita as coisas sérias muito bem, ainda que sejam abstratas ou densas, contanto que sejam espontâneas e honestas.

# Livros sugeridos para ações literárias

**Faca sem ponta, galinha sem pé**
- Ruth Rocha
- Ilustrações: Suppa
- Editora Salamandra

Na obra, Joana e Pedro questionam alguns comportamentos tradicionalmente considerados de menino ou de menina, e que nem sempre parecem ter razão de ser. Até que um dia passam por baixo de um arco-íris e viram "Joano" e "Pêdra", e as interrogações continuam.

**Guilherme Augusto Araújo Fernandes**
- Mem Fox
- Ilustrações: Julie Vivas
- Editora Brinque-Book

Guilherme Augusto Araújo Fernandes era vizinho de um asilo de idosos e tornou-se amigo de todos os que lá moravam. Até descobrir que sua grande amiga Antônia perdera a memória, e ele sai em busca dessa memória perdida devolvendo-a em lembranças de histórias.

## Na minha escola todo mundo é igual
- Rossana Ramos
- Ilustrações: Priscila Sanson
- Cortez Editora

O livro, poético e atualíssimo, revela discriminações socioeconômicas, étnicas e culturais sofridas por pessoas consideradas diferentes, e levanta temas polêmicos e necessários para que as crianças percebam a importância dos direitos iguais e do respeito às diferenças.

## Diferentes: pensando conceitos e preconceitos
- Liana Leão
- Ilustrações: Márcia Széliga
- Editora Elementar

O livro encerra uma preciosa sabedoria: crescer significa descobrir a realidade em sua variedade e aceitar suas múltiplas polaridades para depois seguir em frente com alegria e construir sua própria história.

## O dia em que minha avó envelheceu
- Lúcia Fidalgo
- Ilustrações: Veruschka Guerra
- Cortez Editora

As doces lembranças da infância, os sorrisos e as brincadeiras vividos com a neta são deixados de lado no dia em que a avó se distancia do mundo e das pessoas queridas.

# Para além da sala de aula

Sugerimos, por fim, a leitura do livro *Guilherme Augusto Araújo Fernandes*, de Mem Fox, publicado pela Editora Brinque-Book, um conto que, com sensibilidade, narra a amizade entre um menino e os idosos residentes em um asilo próximo a sua casa. Ao descobrir que a senhora Antônia Maria Diniz Cordeiro havia perdido a memória, Guilherme busca entender o que vem a ser memória e procura encontrar, a partir da definição dada por seus amigos do asilo, o que ele acredita ser "memória". Em sua visita a Antônia, o menino leva objetos simples conduzindo-a a lembranças de histórias belas e comoventes e ao encontro de sua memória. A narrativa leva-nos a reflexões sobre a importância da experiência de efetivamente estarmos com o outro, de partilharmos narrativas nesses bons encontros, bem como do convívio entre pessoas de diferentes gerações.

Edgar Morin (2005; 2006) aponta, em sua proposta de educação para o século XXI, para a importância da literatura e da arte para a compreensão humana. Segundo o autor, quando estamos, por exemplo, no cinema ou lendo um livro, "acordamos para a compreensão do outro e de nós mesmos. O vagabundo abominável que não olhamos na rua, passa a ser amado quando o vemos sob o personagem de Charles Chaplin" (Morin, 2005, p. 94). Nesse sentido, a leitura de uma história como *Guilherme Augusto Araújo Fernandes*  conduz-nos (leitores) à compreensão do outro e de nós mesmos por meio da compreensão dos personagens Guilherme Augusto Araújo Fernandes e Antônia Maria Diniz Cordeiro. Isso ocorre porque a literatura "como arte da palavra, nos põe diante da complexidade da vida, nos apresenta possibilidades de repensarmos o real, o cotidiano, de reinventarmos a própria vida ou até mesmo entender sua multiplicidade" (Borba, 2006, p. 110).

Na aula seguinte, cada criança levará para a aula um objeto que, para ela, represente a memória. Então, em uma roda formada no pátio, cada uma contará uma história a partir do objeto trazido. A partir da história narrada, será realizada uma visita (previamente agendada) a um lar de idosos ou a um grupo da terceira idade (também poderá ser agendada uma visita de representantes desses grupos à escola, ou mesmo de familiares ou vizinhos que se proponham a compartilhar experiências com as crianças).

Na ocasião da visita, os alunos levarão os objetos por eles escolhidos para que sejam mostrados aos idosos e então escutarão histórias por eles contadas a partir do(s) objeto(s) levado(s). Para essa atividade, é importante que o professor faça os contatos prévios identificando entre os idosos aqueles que gostem e que queiram compartilhar suas experiências com as crianças para que, a cada objeto mostrado pelas crianças, os visitados ou convidados contem uma história de que se recordem a partir daquele objeto.

É fundamental que o professor respeite as pessoas envolvidas nessa atividade, bem como suas histórias e suas emoções. Prezando por auxiliar na constituição de relações intergeracionais de respeito ao outro, de bons encontros e de experiências transformadoras.

Depois da visita, será feita uma roda de conversa para que os alunos possam compartilhar suas experiências por meio de relatos orais. Em seguida, serão produzidos relatos escritos da visita feita (individuais ou em grupo). Os relatos serão lidos em roda e guardados como lembrança pelas crianças, destacando que um dia, quando tiverem alcançado a idade daqueles com quem partilharam preciosos momentos, objetos e histórias, elas poderão resgatar da memória os momentos e as experiências vividas neste dia.

Em uma das vezes que realizamos a atividade em grupo da terceira idade, tivemos a grata satisfação de escutarmos, nas aulas que se seguiram, relatos de um dos alunos do 3º ano que, a partir de então, passou a realizar visitas frequentes a sua avó. Na primeira de suas visitas, ele narrou para ela a história *Guilherme Augusto Araújo Fernandes* com as próprias palavras, prometendo que levaria o livro para que pudessem lê-lo juntos, e assim o fez. Depois começou a levar objetos diferentes para que juntos lembrassem experiências e inventassem histórias, e livros que ele tomava de empréstimo na sala de leitura para que lessem juntos como nos contou. Assim se deu: a leitura como experiência afetiva, como gesto de interrupção, de atenção, de paciência, de parar para escutar, pensar, olhar, sentir, como nos sugere Larrosa (2004).

# Para conhecer mais

BENJAMIN, Walter. Livros infantis antigos e esquecidos. In: _____. *Magia e técnica, arte e política*: ensaios sobre literatura e história da cultura. São Paulo: Brasiliense, 1994. p. 235-243.

BORBA, Marisa. Literatura e pluralidade cultural. In: CARVALHO, Maria Angélica Freire de; MENDONÇA, Rosa Helena. *Práticas de leitura e escrita*. Brasília, DF: Ministério da Educação, 2006. 108-111.

LARROSA, Jorge. *Linguagem e educação depois de Babel*. Tradução: Cynthia Farina. Belo Horizonte: Autêntica, 2004.

MORIN, Edgar. A propósito dos sete saberes. In: ALMEIDA, Maria da Conceição de; CARVALHO, Edgard de Assis (Orgs.). *Educação e complexidade:* os sete saberes e outros ensaios. Tradução: Edgard de Assis Carvalho. São Paulo: Cortez Editora, 2005.

PAIVA, Aparecida; RODRIGUES, Paula Cristina de Almeida. Letramento literário na sala de aula: desafios e possibilidades. In: CASTANHEIRA, Maria Lúcia *et al.* (Orgs.). *Alfabetização e letramento na sala de aula*. Belo Horizonte: Autêntica/Ceale, 2009. p. 103-119.

↘ CAPÍTULO 4

# Os clássicos revisitados

## Versões, inversões e reinvenções dos clássicos[7]

> O exame das narrativas que se inscrevem no âmbito dos contos de fadas revela que a qualidade dos textos advém, de um lado, da contradição às expectativas do leitor em relação a um padrão consagrado pelo uso. E, de outro, esse procedimento determina uma mudança no foco tradicional do gênero: em vez de patrocinar a afirmação de uma ordem estabelecida, na qual os privilégios e o saber cabem aos adultos, promove-se a perspectiva dos jovens, perquiridora e rebelde em relação à arbitrariedade dos mais velhos (Zilberman, 2003, p. 187).

[7] - Neste contexto tomamos o termo "clássico" não para nos referirmos a um período (o clássico), mas para designar obras e coleções da literatura infantil que alcançaram algum reconhecimento em virtude de sua divulgação, de seus usos escolares ou de sua autoria. Optamos por não utilizar o termo "cânones", pois as obras por nós consideradas "clássicas" ora transitam entre os cânones estéticos, ora entre os cânones escolares (Paulino, 1999).

# O letramento literário na escola: entre os clássicos e suas versões

*Pela estrada afora,
eu vou bem sozinha,
levar estes doces
para a vovozinha!
Ela mora longe,
o caminho é deserto
e o lobo mau
passeia aqui por perto!*
(Barro, 1995, p. 5).

Ao perguntarmos a qualquer brasileiro, de qualquer idade, se ele conhece esse trecho dessa canção, a provável resposta será: "sim". Caso perguntemos, logo em seguida: quando, onde e a partir de que fonte a escutou, uma provável resposta será: "Não me lembro", ou: "Em um disquinho colorido de histórias". As mesmas possíveis respostas talvez surjam ao apresentarmos o trecho de outra canção:

*Eu sou o lobo mau!*
*Lobo mau! Lobo mau!*
*Eu pego as criancinhas*
*pra fazer mingau!*
(Barro, 1995, p. 16).

Poderíamos ponderar, desconsiderando qualquer conhecimento prévio mais aprofundado acerca do assunto: muitas histórias e canções populares são conhecidas sem que se reconheça a sua fonte exata. Mas, observando tais canções minuciosamente, verificaremos que elas são autorais, tendo figurado em um dos volumes da Coleção Disquinho: *Chapeuzinho Vermelho*, adaptado por João de Barro, o Braguinha, e gravado em 1946 pela Continental. Essa coletânea foi prensada em compactos de vinil a partir da década de 1940, contando com dezenas de outros títulos gravados (muitos dos quais, considerados "clássicos" da literatura infantil universal) adaptados por escritores e compositores brasileiros e interpretados por atores, músicos e cantores conhecidos e reconhecidos da "era do rádio".

Para traçarmos um paralelo comparativo, poderíamos lançar mão de outra cantiga (presente em um conto de fadas) também muito conhecida e cantada por crianças brasileiras de sucessivas gerações: "Quem tem medo do lobo mau? Lobo mau. Lobo mau. Quem tem medo do lobo mau? Lá, lá, lá, lá, lá!" (*Os três porquinhos*, 1933). Essa versão brasileira, também da autoria de Braguinha, presente no clássico animado *Os três porquinhos* (Estúdios

Disney), totalmente orquestrado e cantado do início ao fim, é a forma pela qual os protagonistas zombam do lobo que os ameaça. Essa talvez seja a única cantiga autoral presente em uma versão de conto tradicional que figure na memória do brasileiro em pé de igualdade com as canções da menina e do lobo da história de *Chapeuzinho Vermelho*.

O perceptível fato de tais canções serem conhecidas por adultos de diferentes gerações e por crianças da mais tenra idade (havendo sido memorizadas com facilidade não obstante a adaptação de *Chapeuzinho Vermelho* citada ter sido apresentada publicamente apenas por radiodifusão[8] e há décadas) conduziu-nos à seguinte questão: "O que levaria a uma evidente predileção pelos contos clássicos e a sua consequente perpetuação em ambiente escolar?"

Consideramos que isso se deve, de um lado, ao eficaz mecanismo de manutenção do tradicionalismo na escola (entremeado, é claro, a avanços e mudanças) e, por outro lado, à dificuldade de nos desarticularmos do discurso presente em versões que se perpetuam por se configurarem em um arquivo que as institui como as versões autorizadas, as versões válidas, as versões prioritariamente únicas (Zipes, 1993).

Para Jack David Zipes (1993), alguns contos consagrados (os clássicos) tornaram-se "formas únicas" pelo fato de terem estabelecido os limites de toda e qualquer versão, embora

---

**8 -** Títulos da coleção foram remasterizados em CDs em 2001 pela Warner Music e publicados em livros ilustrados pela Editora Moderna.

contraditoriamente tenham originado tantas variantes e adaptações. O problema é que, embora haja variantes feitas a partir delas, essas "versões únicas" são consideradas as versões corretas (por isso únicas e, nesse sentido, hegemônicas). No entanto, sabemos que tais versões não são senão textos provisórios: versões instauradas por regimes de verdade, longe de serem verdadeiras, originais, únicas. Por essa razão, apesar de defendermos o uso das "versões únicas", sobretudo no sentido de se valorizar a história da literatura infantil e a relevância de tais versões em seu contexto de produção, reconhecemos que as transformações sociais e culturais que presenciamos possibilitam e tornam necessário o uso de múltiplas versões, inversões e invenções dos clássicos infantis. É fundamental que, neste momento, várias vozes se façam ouvir, as vozes do passado, as vozes presentes, as vozes das várias culturas, dos vários saberes, dos vários sujeitos.

Buscamos mostrar, neste capítulo, o quanto as produções clássicas vinculam-se ao seu contexto de produção (ao saber e poder de sua época) propagando e perpetuando o discurso nele predominante. Defendemos a importância de que novas versões venham à tona com o intuito de questionar os clássicos e ao mesmo tempo reverenciá-los (ao fazê-los falar por meio dos interdiscursos que constituem nas novas versões).

Portanto, nossa abordagem é diametralmente oposta da abordagem do politicamente correto que, segundo Ilan Brenman (2012), seria a negação da própria vida. A questão não é deixar de trabalhar os contos aqui apresentados, mas apresentá-los como pertinentes a uma época considerando a formação discursiva e os aspectos ideológicos de então para que, a partir daí, possamos concebê-los como materialização das redes de saber e de poder da época em que foram produzidos. Não se trata, em nenhum momento, de separar entre correto e errado, mas de questionar mesmo as ideologias que concebem o que é correto e errado em cada época para assim verificarmos que nossos juízos são tão provisórios como os do passado. E nossas versões também.

# A camponesa mais famosa do mundo

Entre os contos de fadas tradicionais que se tornaram "versões únicas" ganhando, não obstante, várias outras versões, destacamos *Chapeuzinho Vermelho*.

Susana González Marín (2005, p. 13-15) afirma que, entre as características que fazem de *Chapeuzinho Vermelho* um conto especial, destaca-se, em primeiro lugar, o fato de figurar entre os contos mais populares estendendo-se a planos diversos de nossa cultura desde versões e adaptações para o público infantil e adulto até a sua presença em anúncios publicitários. Um aspecto singular desse conto está no impressionante fato de que a personagem pode ser facilmente reconhecida simplesmente por meio de seus objetos: uma cesta e um capuz, sem ter sido necessária a mediação de nenhum filme da Disney que lhe impusesse uma imagem definida, como foi o caso de Branca de Neve, de Cinderela e outros personagens. Para Ziolkowski (2007, p. 93-94) a notoriedade dessa menina camponesa a leva a figurar (no que diz respeito à fama e ao favoritismo) em pé de igualdade com as princesas mais famosas dos contos de fadas.

Buscamos traçar considerações sobre aspectos concernentes ao saber e ao poder presentes em versões publicadas em épocas distintas[9]: a versão *Sobre a menina salva dos filhotes de lobo* [1023], escrita por Egberto de Liege, referente à Idade Média; *Chapeuzinho Vermelho* [1697], de Charles Perrault, representante do Período Clássico; *Fita verde no cabelo* (publicada pela primeira vez em 1964), de João Guimarães Rosa, e *Chapeuzinho Amarelo* [1979], de Chico Buarque, ambas representantes da ampla gama de versões modernas.

Em *Sobre a menina salva dos filhotes de lobo* (Voigt, 1889), uma menina de cinco anos, ao ser batizada no Pentecostes, recebe uma túnica vermelha do seu padrinho. Um dia, andando

---

**9 -** Por tratar-se de uma análise arqueológica foucaultiana, nossa divisão em períodos segue a proposta por Foucault (1968): até a Renascença, englobando a Idade Média (até o século XVI); o Período Clássico (séculos XVII e XVIII); e a Modernidade (a partir do século XIX).

desatenta, ela é capturada por um lobo que a leva para ser devorada por seus filhotes. Os filhotes do lobo, embora tentem devorá-la, não o conseguem e aos poucos passam a lambê-la docilmente, pois a menina é protegida por Deus por meio da sua túnica de batismo.

No conto *Chapeuzinho Vermelho*, de Perrault (2006), a mãe pede que Chapeuzinho Vermelho leve um cesto de comida para a avó doente. No caminho, ela é abordada por um lobo e diz a ele para onde está indo. O lobo segue por um atalho, chega à casa da avó fingindo ser a neta e devora a velhinha, enquanto a menina se distrai pelo caminho mais longo. O lobo, disfarçado, espera a menina que chega à casa da avó e se deita na cama com ele, pensando tratar-se de sua avó. Perguntado em seguida por que são tão grandes seus braços, suas pernas, seus olhos e seus dentes, o lobo devora a menina.

Na história *Fita verde no cabelo* (Rosa, 1998), a mãe manda que a menina vá à casa da avó levar doce em calda. Como já não existiam lobos naquelas bandas, a garota fala consigo mesma e

demora-se no caminho mais longo por decisão própria, chegando à casa da avó sem a sua fita verde, que perdera no caminho. Ao chegar, depara-se com a anciã moribunda e então lhe pergunta por que seus braços estão magros, seus lábios arroxeados, seus olhos fundos e seu rosto encovado, ao que a avó responde que nunca mais a poderá abraçar, beijar ou ver e então a idosa morre. A menina, como se pela primeira vez fosse ter juízo, clama pela avó, dizendo que ainda tem medo do Lobo.

Por fim, em *Chapeuzinho Amarelo* (Buarque, 2003), a menina tinha medo de tudo, sobretudo de um LOBO que não existia. Um dia, de tanto pensar, esperar e sonhar com ele, ela o encontra e, mesmo sentindo muito medo, percebe que, aos poucos, seu medo vai diminuindo até ela ficar sem o seu medo e ver-se sozinha, com o lobo. Este, ao ver a menina sem medo, grita várias vezes o seu nome: LO-BO-LO-BO-LO, para ver se o medo da menina voltava, mas ela, fazendo uma brincadeira com as palavras, ao perceber que o nome dele repetido soava como BOLO, transforma-o em um bolo de lobo, que passa a ter medo da menina. Ela, então, deixa de lado seus medos e aprende a brincar de transformar outros nomes que lhe causam medo.

No conto medieval, as formações de temas, de tipos de enunciado, de objetos e de conceitos com base na verdade apregoada e defendida nesse contexto se faziam como um meio de propagar e tornar preponderante o saber das marcas e similitudes, e o poder de "Deus". Nesse período, perpassando todo e qualquer "medo" ou "perigo" que ameaçasse o homem crente, imperava soberana a "salvação" divina, representada no conto pelas marcas do sagrado: batismo, Pentecostes, túnica, padrinho.

No conto do Período Clássico, a verdade em voga manifesta-se como lugar do saber da ordem, da razão, da representação, e do poder disciplinar, estabelecendo uma forma de ordenar o mundo por meio das identidades e das diferenças, do estabelecimento de normas, da vigilância e da punição. O "medo" não mais se relaciona ao auxílio constante de Deus e a Sua salvação, mas liga-se à cautela, ao cuidado em identificar, com base nas diferenças, para melhor ordenar e racionalmente seguir as normas impostas para que não se sofram as punições, para que não se corra perigo.

Na Modernidade, os contos estão imersos na fragmentação da palavra permeada pelo discurso. O lugar da ciência do homem e do poder do discurso insere os sujeitos nos fragmentos de linguagem. A "cautela" não é mais o que livra do "perigo" de ser punido, pois fatalmente: a finitude que o homem teme está prenunciada; seu "medo" se oculta em seu inconsciente; e o homem está imerso na linguagem que o controla e que o faz tremer ante seu poder que abrange toda a rede que a institui, constitui e delineia: o discurso.

É possível observarmos, a partir dessa breve análise arqueológica e das palavras de Foucault (2009), que, se por um lado a formação discursiva é histórica, assim como os objetos de discurso (como elementos de uma formação discursiva com os temas, os conceitos e os tipos de enunciados), a materialidade linguística de um enunciado é institucional, como o foram os contos em cada um dos períodos.

# "Quem tem medo do lobo mau?"

O*s três porquinhos* é um conto autoral que, ao tornar-se um clássico da literatura infantil, deu lugar a versões diversas tendo em vista seu favoritismo entre as crianças e os professores.

Para melhor compreendermos esse conto em seu aspecto histórico-discursivo, partimos da afirmação de Boaventura de Sousa Santos (2008a) de que o Ocidente foi o mais importante descobridor imperial do segundo milênio, tendo o seu "Outro", o seu descoberto, assumido "três formas principais: o Oriente, o selvagem e a natureza" (Santos, 2008a, p. 181). Sublinhamos particularmente, com relação ao conto, o Outro como lugar do selvagem e da natureza.

O selvagem, segundo Santos (2008a, p. 185-186), "é o lugar da inferioridade [...] a diferença incapaz de se constituir em alteridade. Não é o outro porque não é sequer plenamente humano". A justificativa de sua inferiorização conceitual efetivou-se por meio do caráter pagão e pecaminoso atribuído aos descobertos, da identificação destes como seres irracionais, seres da natureza ou de cultura inferior.

A natureza, por sua vez, é o lugar da exterioridade, que, de um lado ameaça o homem, de outro lhe serve de recurso. Mas a natureza, como ameaça irracional (tal como o selvagem), pode ser dominada e utilizada por meio de um conhecimento que a transforme em recurso. "O selvagem e a natureza são, de facto, as duas faces do mesmo desígnio: domesticar a 'natureza selvagem', convertendo-a num recurso natural" (Santos, 2008a, p. 188).

No conto *A história dos três porquinhos* (1890), de Joseph Jacobs, podemos detectar alguns dos elementos apresentados anteriormente: uma porca mandou que seus porquinhos tentassem a sorte no mundo. O primeiro construiu sua casa com palha, e o lobo soprou, destruiu a casa e comeu o porquinho. O segundo construiu sua casa com tojo, e o lobo soprou, derrubou-a e o comeu. O terceiro fez sua casa com tijolos, e o lobo, por mais que soprasse, não conseguiu derrubar a casa e chamou o porquinho para no outro dia colherem nabos. O porquinho saiu mais cedo do que o combinado, colheu nabos e voltou para casa antes de o lobo chegar. O lobo convidou-o para colher maçãs, marcando uma hora mais cedo. O porquinho saiu antes do combinado e, enquanto colhia maçãs, o lobo chegou. Ele despistou o lobo e entrou seguro em casa. O lobo convidou-o para irem à feira, e o porquinho antecipou-se; na volta, ao ver o lobo, rolou morro abaixo dentro de uma desnatadeira, assustando o lobo, que fugiu. Depois zombou do lobo que, furioso, disse que entraria pela chaminé, para comê-lo. O porquinho pôs na lareira um caldeirão com água fervente, onde o lobo caiu, sendo comido pelo porquinho, que viveu feliz para sempre.

Para Bruno Bettelheim (1980, p. 53) "as casas que os três porquinhos constroem são simbólicas do progresso do homem na história". No entanto, em análise efetivada com base nas características do lugar do Outro como o selvagem e a natureza, tanto a palha quanto o tojo são materiais da natureza, enquanto o tijolo é um objeto criado pelo trabalho e pelo engenho humano. Se na Modernidade a origem do homem tem seu lugar na origem das coisas que ele produz por meio de seu trabalho (Foucault, 1968), no conto em questão, tal origem encontra-se na figura do terceiro porquinho, que, com objetos fabricados, beneficiados ou produzidos pelo homem e com a força do seu trabalho, se distancia da natureza, representada em primeira instância pela palha e pelo tojo dos dois primeiros porquinhos. O terceiro porquinho representa o discurso hegemônico ao tornar a natureza (como Outro) externa, por intermédio da inviolabilidade e do hermetismo de sua casa de tijolos. Nesse sentido, o lobo também figura, com seu sopro impotente ante a tecnologia de construção moderna, uma força da natureza, exterior às cidades e às construções da civilização moderna.

A primeira diferença comumente detectada pelas crianças entre essa versão e a animação da Disney (*Os três porquinhos*, 1933) está na morte dos dois primeiros porquinhos e do lobo (enquanto na animação eles sobrevivem), o que para nós indica uma possível semelhança de função entre tais personagens. O lobo e os dois primeiros porquinhos retratam o lugar da natureza e do selvagem: os porquinhos tanto pelo fato de suas casas serem feitas de elementos da natureza, palha e galhos (tal como as moradias de alguns povos considerados selvagens), quanto em virtude de, ao serem devorados pelo lobo selvagem, tornarem-se parte dele; o lobo pelo fato de não se permitir domesticar (retratando os saberes não hegemônicos), sendo vencido pela tecnologia de construção e por uma desnata-deira (objetos fabricados pelo homem). Outro fator que promove a derrota do lobo é o trabalho do terceiro porquinho presente na construção de sua casa e em seu esforço por acordar cada vez mais cedo, como convém ao bom trabalhador moderno. Por fim, o lobo é comido pelo porquinho, de modo que sua natureza selvagem torna-se "domesticada" ao ser convertida em recurso, como infe-rimos com base em Santos (2008a, p. 188).

# O lugar da infância em Pinóquio

Como vimos, não apenas as "versões únicas" dos contos de fadas tradicionais, mas também de contos autorais, vincu-lam-se em seu contexto de produção a aspectos histórico--discursivos concernentes aos valores da época em que foram materializados textualmente. No conto clássico de Pinóquio, é evi-dente a ideologia educacional vigente em seu período de publicação.

De acordo com o livro *As aventuras de Pinóquio*, de Carlo Collodi (2001), publicado em 1883, um dia Gepeto ganhou um pedaço de madeira que falava, com o qual construiu Pinóquio, um boneco atrevido que fugiu de casa, levando Gepeto à prisão e recusando-se, em seguida, a escutar os conselhos do Grilo Falante. Ao sair da prisão, Gepeto deu uma cartilha ao boneco, que prometeu estudar e se compor-tar, mas se envolveu em diversas aventuras: vendeu a cartilha para ir ao teatro; quase foi morto por uma raposa e por um gato; foi salvo pela Fada Azul e mentiu para ela (quando seu nariz cresce); seguiu mar adentro seu pai que partira a sua procura; desembarcou em uma cidade onde todos trabalhavam e foi adotado pela Fada Azul, prometendo comportar-se e ir à escola; faltou à aula e envolveu-se em uma confusão em que um garoto acabou ferido; foi preso e depois fugiu para a casa da Fada, jurando novamente estudar e se comportar; fugiu com Pavio para o País dos Brinquedos (lugar sem escolas onde as crianças só brincavam e se divertiam); foi transformado em burro (bem como Pavio) e vendido para uma companhia de palhaços; tropeçou e ficou manco em sua primeira apresentação; foi revendido para um homem que faria um tambor com sua pele, mas, ao ser colocado no mar, os peixes comeram sua pele e sua carne, libertando-o; fugiu pelo mar e foi engolido por uma baleia, em cujo interior encontrou seu pai; salvou Gepeto e foi acolhido pelo Grilo; saiu em busca de leite para Gepeto (que estava doente) e aceitou trabalhar para um homem em troca do leite, pois o burro dele estava morrendo (tratava-se de Pavio). Aprendeu a fazer cestos, aumentou seu ordenado e exercitou a leitura e a escrita. Ao saber que a Fada estava hospitalizada e com fome, deu seu dinheiro a ela e trabalhou ainda mais para mantê-la. Um dia, dormiu e sonhou que a Fada o beijava. Ao acordar, tornou-se um menino de verdade e Gepeto se curou. Por fim, ao ver um boneco de madeira, considerou-o ridículo, declarando-se contente por ter se tornado um bom menino.

A infância (representada no conto pelo personagem Pinóquio) ocupa, de um lado, o lugar do selvagem e, de outro, o lugar da natureza como alteridade do saber dominante. Para Regina Zilberman (2003, p. 19) a natureza é "o âmbito preferencial da criança; não apenas seu *habitat* mais adequado, como aquele que abriga o modo mesmo como a infância é concebida. [...] tal faixa etária corporifica o não contaminado da natureza, com o qual se identifica". A criança, nesta situação, tal como o boneco Pinóquio ao ser criado por Gepeto, ainda não se encontra preparada para a vida (adulta) e apenas o estará por meio da escola: "Traço de união entre os meninos e o mundo" (Zilberman, 2003, p. 40).

Essa imagem da criança é contraditória, pois "o adulto e a sociedade nela projetam, ao mesmo tempo, suas aspirações e repulsas" (Charlot, 1983, p. 108). Segundo Carlo Collodi (2004, p. 119-121), Pinóquio, por exemplo, ao desejar tornar-se um homem, escuta da Fada:

> *Você vai se tornar se souber merecer isso [...] [se] acostumar-se a ser um bom menino [...] As crianças boas são obedientes [...] têm amor pelo estudo e pelo trabalho [...] dizem sempre a verdade [...] você vai começar indo para a escola. [...] depois vai escolher uma arte ou profissão.*

No entanto, ao se recusar a estudar e trabalhar, a Fada diz-lhe que "aqueles que falam assim acabam quase sempre na cadeia ou no hospital. [...] O ócio é uma doença muito feia, e é preciso curá-la logo, desde criança, se não, quando formos grandes, não se cura mais" (Collodi, 2004, p. 121). Nesse sentido, o conto não apenas reafirma que os que não passam pela escola ou não assumem um trabalho acabam no hospital ou na cadeia, mas também condena os acometidos pela doença do ócio (transformados em burros) às zonas selvagens e às condições subumanas dos arquipélagos de exclusão criados pelo fascismo social, lugar de destino de um enorme contingente da população do planeta. Nesse sentido, Santos (2008a, p. 317) afirma que "o contrato social é a grande narrativa em que se funda a obrigação política moderna ocidental, uma obrigação complexa porque foi estabelecida entre homens livres [...] para maximizar e não para minimizar esta liberdade". Para o autor, o contrato social contradiz-se, pois seus princípios universais de emancipação igualitária e inclusiva se destinam às metrópoles, enquanto a regulação excludente e desigual se impõe às colônias. O limite da inclusão é, portanto, aquilo que é excluído, ou seja, as ilhas de inclusão metropolitanas definem-se a partir da instituição dos arquipélagos de exclusão coloniais, que, por meio do fascismo social, promovem a segregação dos excluídos pela divisão (mundial, nacional, urbana) em zonas selvagens e em zonas civilizadas.

Por fim, após trabalhar e estudar com afinco e tornar-se um menino com roupa nova e dinheiro no bolso, Pinóquio afirma: "Como eu era ridículo quando era um boneco! E como estou contente de ter me tornado agora um bom menino!" (Collodi, 2004, p. 201). Com isso, ele nega a infância como espaço de emergência de saberes tornados ausentes no presente contraído da faixa etária infantil, relegada esta à fase preparatória para um futuro expandido e previsível (a vida adulta), seja na inclusão do indivíduo situado nas zonas civilizadas, seja em sua exclusão ou segregação nas zonas selvagens.

# Interdiscurso e polifonia nas versões dos clássicos

A literatura infantil dialoga com uma enorme quantidade de textos da tradição oral (mitos, fábulas, ditos, adivinhas, parlendas, contos, lendas, anedotas, cantigas etc.) e de textos de obras da literatura universal (grega, hebraica, chinesa, egípcia, romana, árabe, japonesa, medieval, clássica, romântica etc.). Podemos detectar esses diálogos por meio de interdiscursos presentes nos livros da literatura infantil brasileira desde a obra de Lobato (em que constituem diálogos os mais diversos personagens mitológicos de distintas culturas com os seus saberes e um sem-número de personagens da literatura universal e mesmo do cinema com seus ditos e enunciados) até os nossos dias.

Zilberman (2005, p. 56-65), por exemplo, analisa diversos livros da literatura infantil que trazem em seus textos interdiscursos contos de fadas. Nesses diálogos entre enunciados e entre discursos, as vozes desses contos, de seus autores e leitores de outrora fazem-se ouvir em meio às vozes dos autores contemporâneos, de seus leitores e de seus contextos de produção, circulação e recepção. Polifonia em diálogos entre obras produzidas, circuladas e lidas em contextos diferentes que as mantêm vivas ao se refletirem uns nos outros. "Os enunciados não são indiferentes entre si nem se bastam cada um a si mesmos; uns conhecem os outros e se refletem mutuamente uns nos outros. Esses reflexos mútuos lhes determinam o caráter" (Bakhtin, 2010, p. 297).

As múltiplas vozes sociais presentes nas versões contemporâneas são, portanto, as vozes da versão tomada por base e da versão que lhe dá nova forma (e de seus autores, ilustradores, leitores, de seu contexto de produção, circulação e recepção, estejam estes imbricados ao discurso educacional de então, ao mercado editorial, às determinações governamentais, aos elementos da cultura escolar, às concepções ideológicas dos pais, ao gosto e aos interesses da criança etc.). A criação ideológica (ato material e social), segundo Mikhail Bakhtin e Valentin Volochínov (2004), penetra a consciência individual, revestindo-a de signos ideológicos. Todo signo quando compreendido e dotado de sentido passa a integrar a consciência verbalmente construída.

Cabe-nos, por fim, distinguir atualidade de contemporaneidade. As obras contemporâneas, afirma Cosson (2012, p. 34), são as escritas e publicadas no meu tempo, enquanto as "obras atuais são aquelas que têm significado para mim em meu tempo, independente da época de sua escrita e publicação".

Reiteramos a importância de que sejam apresentadas não apenas as obras contemporâneas atuais, mas também versões de outrora que em sua atualidade contribuam com o processo de letramento e de formação histórica e social do sujeito leitor.

"O letramento literário trabalhará sempre com o atual, seja ele contemporâneo ou não. É essa atualidade que gera a facilidade e o interesse de leitura dos alunos" (Cosson, 2012, p. 34).

# Por uma ação reflexiva

Como questões para ações reflexivas por parte do professor, perguntamos ao nosso leitor: "De que modo tem sido potencializado o caráter atual de versões pregressas e de versões contemporâneas dos clássicos da literatura infantil?"; "Como tenho prezado por contribuir com a renovação das práticas de sala de aula problematizando valores e ideologias concernentes a outros períodos e a configurações educacionais de outras épocas?"; "Que abordagens éticas eu tenho favorecido a partir dos contos clássicos, com a intenção de possibilitar novas leituras e novos diálogos a partir destes e dando-lhes voz em novas roupagens e em diálogos democráticos e emancipatórios?"

# Proposta prática:
## versões e reinvenções dos clássicos

Como dissemos anteriormente, enquanto algumas versões contemporâneas relocam as histórias ao nosso período, trazendo questionamentos atuais ou configurações concernentes ao nosso tempo, outras apenas alteram a linguagem ao público atual, a uma nova ambiência. Selecionamos três entre os tantos livros que favorecem abordagens em sala de aula a partir da proposta de "alfabetizar letrando" por nós defendida (levando-se em consideração a conceituação de literatura infantil e de letramento literário com literatura infantil, os usos específicos da linguagem nesse gênero, e os aspectos inerentes à potencialidade da reinvenção da linguagem nele), sejam eles: *Chapeuzinho Amarelo*, de Chico Buarque, publicado pela Editora José Olympio (uma adaptação das versões de *Chapeuzinho Vermelho*, de Perrault e dos Grimm); *O Gigante Egoísta*, publicado pela Cortez Editora (traduzido e adaptado por Liana Leão a partir do conto homônimo escrito por Oscar Wilde no século XIX), e *Quem ouvir e contar, pedra há de se tornar*, de Nelson Albissú, publicado pela Paulinas Editorial (uma versão do conto *João Fiel*, dos Irmãos Grimm).

O livro *Chapeuzinho Amarelo*, de Chico Buarque, citado neste mesmo capítulo, possui como interdiscurso o conto *Chapeuzinho Vermelho* em suas versões mais difundidas (de Perrault e dos Grimm). Ele apresenta, em meio a aspectos concernentes a ambas as versões (o lobo, sua boca enorme, o chapeuzinho da menina, o medo do lobo etc.), um aspecto que aponta para a versão dos Grimm (1857; 2002) em específico: o fato de o lobo morar "num buraco da Alemanha" (Buarque, 2003).

Ao mesmo tempo que Chico Buarque apresenta uma leitura que questiona a dependência feminina e propõe uma personagem que, sem auxílio masculino, vence não apenas o lobo, mas também o próprio medo que sente do lobo, que é o que lhe concede existência, sua bem-sucedida empreitada se dá também pelo fato de que tal ruptura, extrapolando o aspecto ideológico da crítica feminista, alcança a fragmentação da palavra. Nas palavras de Zilberman (2005, p. 99), ele faz sua personagem "desafiar o estereótipo da menina medrosa, ao dessacralizar o lobo mau". Maria Antonieta Antunes Cunha (2002), ao referir-se ao trecho em que o lobo, transformado em bolo, sente medo de ser comido com vela e tudo pela menina, destaca: "Temos, aí, a inversão dos papéis". A esse respeito, Colomer (1996) aponta para a predominância, a partir da década de 1970, da inversão de papéis nas versões de *Chapeuzinho Vermelho* (neste caso, entre a menina e o lobo). Marisa Lajolo e Regina Zilberman (1984, p. 156) acrescentam que a espinha dorsal dessa obra é

> *o poder emancipador da palavra [...]. A superação do medo decorre de um trabalho com a palavra, a partir de sua decomposição em sílabas e da inversão destas. [...] é um texto que tematiza a relação da palavra com as coisas e sugere o poder da linguagem na transformação da realidade.*

Após a leitura do livro e de suas ilustrações e da elaboração de paráfrases orais de trechos da obra por parte do professor em linguagem próxima à fala dos alunos (com o intuito de favorecer a produção de sentido por parte destes), o educador perguntará de que conto eles se lembram ao escutar *Chapeuzinho Amarelo*. Após aludir ao intertexto principal desse conto, o professor sugerirá a identificação das principais semelhanças e diferenças entre *Chapeuzinho Vermelho* e *Chapeuzinho Amarelo*. Com o intuito de estimular tal análise, algumas perguntas podem ser lançadas (enquanto alguns dos pontos levantados são anotados na lousa): "Por quem o lobo é vencido em *Chapeuzinho Vermelho*?"; "Por quem ele é vencido em *Chapeuzinho Amarelo*?"; "Com que artifício se derrota o lobo na versão clássica?"; "Que artifício é usado para derrotá-lo no conto de Chico Buarque?"; "O que acontece com o lobo no fim de *Chapeuzinho Vermelho*?"; "Qual o destino do lobo em *Chapeuzinho Amarelo*?"

A partir da constatação de que Chapeuzinho Amarelo vence sem contar com a ajuda de lenhador, caçador ou de qualquer outra figura masculina; de que, por meio da palavra (sem usar nenhuma arma ou ferramenta), ela transforma o lobo em um bolo (sem ter de encher sua barriga de pedras ou matá-lo), e de que, por fim, quem passa a ter medo da menina é o lobo, podemos tratar do poder emancipador e transformador da palavra.

Uma das possíveis atividades consiste em convidar as crianças a transformar o lobo em bolo. Cada criança escreverá a palavra "LOBO" em um pequeno pedaço de papel (sempre que necessário com auxílio e orientação do professor), que depois será cortado na divisão das sílabas, de modo que surjam dois papéis: um escrito "LO", outro escrito "BO". Os alunos verificarão que, com essas duas sílabas, podem ser formadas a palavra LOBO ou a palavra BOLO. Nesse momento o professor poderá lançar às crianças uma questão: "Como duas coisas tão diferentes podem surgir a partir dessas mesmas sílabas?"

Em seguida, a turma será dividida em duplas (ou grupos maiores), e cada dupla formará com um dos jogos de sílabas a palavra LOBO, colando-a em uma folha de papel. Então o professor fará uma leitura de um texto informativo sobre lobos que apresente suas principais características, *habitat*, alimentação, principais hábitos e solicitará aos grupos que produzam nessa folha de papel um texto informativo sobre o animal "lobo". Para guiá-los, ele colocará no quadro algumas perguntas que direcionem a escrita:

*- Como é um lobo?*

*- Onde ele vive?*

*- De que se alimenta?*

*- Quais são seus hábitos?*

**Obs.:** *Caso queiram, incluam outras informações sobre os lobos.*

Após a produção dos textos sobre o "lobo" (que também poderá contemplar consultas a livros informativos), cada grupo colará em uma nova folha outro jogo de sílabas, dessa vez formando a palavra BOLO. Então, os alunos registrarão nessa folha uma receita culinária[10] a partir das orientações do professor, que escreverá na lousa a receita de um bolo (o professor poderá optar por apresentar e preparar a receita seguinte ou outra de sua preferência), mostrando de que modo esse gênero se organiza e quais

---

**10 -** Costa (2008) define *receita culinária* como instruções que têm por fim orientar a preparação de um prato ou iguaria. Esse gênero tem como linguagem predominante a instrucional e apresenta-se estruturado em duas partes distintas: *Ingredientes* e *Modo de preparo*, podendo ter ainda outras partes complementares: *Modo de servir, Tempo de preparo, Rendimento etc.*

são as suas seções principais, esclarecendo sobre os sistemas de medida, as quantidades e os ingredientes presentes na primeira seção, e explicando a maneira de preparar o bolo a partir das instruções presentes na segunda seção.

### Bolo de banana

*Ingredientes*

*- 3 xícaras (chá) de farinha de trigo*

*- 3 xícaras (chá) de amido de milho*

*- 2 colheres (sopa) de fermento em pó*

*- 2 xícaras (chá) de margarina*

*- 4 xícaras (chá) de açúcar*

*- 2 xícaras (chá) de leite*

*- 6 ovos*

*- 2 dúzias de bananas-nanicas (também conhecidas como bananas-caturras) fatiadas*

*- Canela em pó*

*Modo de preparo*

*Misture a farinha de trigo, o amido de milho, o fermento em pó, a margarina e o açúcar em uma tigela grande, esfarinhando com os dedos até misturar bem e obter a consistência de uma farofa. Distribua 1/3 dessa farofa no fundo de uma fôrma retangular (grande) previamente untada com margarina. Sobre a farofa, coloque ordenadamente as fatias de bananas, cobrindo essa camada com mais 1/3 da farofa. Coloque mais uma camada de fatias de bananas e por fim cubra as bananas com o restante da farofa (a última camada será de farofa). Em outra tigela, bata os ovos e acrescente o leite. Despeje lentamente na fôrma, sobre as camadas. Por fim, polvilhe a canela em pó e asse em temperatura média por cerca de 30 a 40 minutos.*

*Rendimento*
*De 30 a 40 pedaços.*

Após registrarem a receita culinária na folha intitulada BOLO, o professor (havendo agendado previamente com a merendeira e com os profissionais responsáveis pela cozinha e pelo refeitório, e providenciado todos os ingredientes necessários) convidará os alunos para, juntos, prepararem o bolo seguindo a receita.

No local adequado para a preparação do bolo, os alunos auxiliarão na separação dos ingredientes e participarão no processo de medida enquanto leem a receita. A cada item lido, o professor orientará os alunos na compreensão das quantidades, das medidas e dos ingredientes, por meio de ações e esclarecimentos. Depois, fará a leitura do modo de preparo, seguindo as instruções enquanto faz o bolo. As ações favorecerão a compreensão dos vínculos entre os passos "Modo de preparo" e "Ingredientes". Depois de pronto, o bolo será servido à turma e, por fim, os textos informativos sobre o LOBO e as receitas de BOLO serão dispostas no mural da turma.

A segunda atividade por nós proposta tem por base o livro *Quem ouvir e contar, pedra há de se tornar*, de Nelson Albissú. No conto, o fiel escudeiro do príncipe, e também seu maior amigo (ambos nasceram no mesmo dia), testemunha o feitiço lançado por três bruxas contra a princesa com quem seu senhor está prestes a se casar e não pode contar nada do que sabe, caso contrário será transformado em pedra. A história trata dos temas amizade e lealdade de modo leve e comovente.

Antes de realizar a leitura com os alunos, o professor consultará o conto com que este livro dialoga: "João Fiel", presente no livro *Contos de Grimm* (Grimm; Grimm, 1997), escrito pelos Irmãos Grimm no início do século XIX. Nessa história, um rei à beira da morte incumbe seu fiel criado João de orientar seu filho (príncipe e futuro rei), protegendo-o do perigoso encantamento de um retrato escondido em um dos cômodos do castelo. Depois da morte do pai, o novo rei insiste em conhecer o cômodo proibido e se apaixona pela princesa do retrato, saindo a sua procura, mas, quando a encontra, sobre eles são lançados três feitiços anunciados por três corvos. João Fiel escuta os feitiços, sabendo que, se contar a alguém o que ouvira, viraria pedra. Então, decide-se a impedir os acontecimentos previstos: livra o rei de montar um cavalo enfeitiçado que o levaria à morte; impede que o rei vista o manto nupcial que o mataria; e suga três gotas de sangue de um dos seios da princesa quando esta cai como morta por causa do último dos feitiços. Por esse último ato, ele é condenado à morte, mas, antes de ser executado conta a razão de seus atos, transformando-se em pedra. O rei, arrependido, guarda a estátua do servo amigo até que, um dia, a estátua de João pede que o rei sacrifique seus dois filhos para assim voltar a viver. O rei faz os sacrifícios dando vida a João Fiel. Seus filhos em seguida ganham vida novamente.

A atualidade temática dessa história dos Grimm (que trata da amizade, da lealdade e da fidelidade) contrasta com o sacrifício das crianças para que o amigo retome a vida. No trecho em questão, o sangue dos inocentes que renova a vida (mesmo quando considerado em seu caráter simbólico ou pertinente a configurações educacionais de outros períodos) impacta abordagens educacionais contemporâneas, havendo sido, talvez por esta razão, sabiamente substituído pelo autor contemporâneo por outro elemento de grande valor simbólico: as lágrimas. Ao chorar de arrependimento por não ter confiado no amigo, o príncipe da história de Albissú faz que suas lágrimas quebrem o encanto. Outras diferenças dessa versão dizem respeito ao fato de os dois amigos terem nascido no mesmo dia; de o encanto ter sido lançado por bruxas e não por aves; e de o escudeiro também ser coroado rei (em reconhecimento a sua amizade e a sua lealdade) na ocasião do coroamento de seu amigo príncipe: os dois reis governam reinados amigos. Portanto, Albissú atualiza em aspectos sutis uma belíssima história.

Após a leitura da história, será feita uma roda de conversa a partir do tema amizade. Então, os alunos escreverão individualmente uma carta a um dos dois reis coroados ao fim da história (ao príncipe ou ao escudeiro) expressando o que gostariam dizer a respeito de seus feitos e da importância da amizade entre os dois (cada aluno escolherá um dos destinatários e tomará por base o gênero carta apresentado no primeiro capítulo deste livro). As cartas por fim serão revisadas com o auxílio do professor e lidas por alunos caracterizados como cada um dos reis, podendo posteriormente ser dispostas em um mural temático sobre a história ao lado de desenhos e pinturas feitos pelos alunos.

# Livros sugeridos para ações literárias

**Chapeuzinho Amarelo**
• Chico Buarque
• Ilustrações: Ziraldo
• Editora José Olympio
Chapeuzinho é uma menina que tem medo não apenas do lobo, mas também tem medo do medo. Enfrentando o lobo, ela supera seus medos e descobre a alegria de viver e de brincar com as palavras.

**O Gigante Egoísta**
• Oscar Wilde.
• Tradução e adaptação: Liana Leão.
• Ilustrações: Márcia Széliga
• Cortez Editora
Um gigante tem um grande jardim. As flores, as árvores e os pássaros gostam muito de brincar nele com as crianças, mas o Gigante fecha as portas do jardim impedindo a sua entrada e fazendo do jardim um lugar tão isolado e triste que até mesmo a primavera se recusa a aparecer.

## Quem ouvir e contar, pedra há de se tornar
- Nelson Albissú
- Ilustrações: Rogério Soud e Rodval Matias
- Paulinas Editorial

Esta é a história de um rei e uma rainha que viviam tristes por não terem filhos, até que a rainha e sua cozinheira experimentam um chá mágico e dão à luz dois meninos que crescem como grandes amigos: príncipe e escudeiro, mas um dia essa amizade é colocada à prova diante de todos.

## Uma história hebraica
- Recontada por: Tatiana Belinky
- Ilustrações: Nilton Bueno
- Cortez Editora

Um garoto, cheio de perguntas, quer saber por que se falam tantas línguas no mundo. O pai começa a contar-lhe, então, como o orgulho e a soberba transformaram os homens.

## A vendedora de chicletes
- Hans Christian Andersen
- Recontado por: Fabiano Moraes
- Ilustrações: Claudio Cambra
- Editora Universo dos Livros

Em meio ao movimento das compras de fim de ano, a pequena vendedora de chicletes tenta em vão realizar as suas vendas. O frio aumenta. A fome também. E em sua caixa ainda há muitos chicletes.

# Para além da sala de aula

Apresentamos, por fim, uma proposta de passeio a um local próximo à natureza (parque, praça ou ambiente natural) a partir da leitura da história *O Gigante Egoísta*, de Oscar Wilde, adaptada por Liana Leão.

O Gigante partiu em uma longa viagem. Enquanto isso, as crianças aproveitaram para se divertir e para brincar em seu belo jardim. Ao retornar, o Gigante não gostou de vê-las em seu jardim e proibiu que retornassem ao local. O jardim ficou frio e solitário, até que um dia ele escutou um pássaro cantar e percebeu que as crianças tinham entrado por um buraco que havia no muro. Mas ele também viu que em seu jardim ainda havia um lugar frio e solitário onde um menininho tentava subir em uma árvore. O Gigante ajudou o menininho a subir e ele então espalhou a primavera por todo o jardim. A partir de então, o Gigante recebeu as crianças com frequência e, um dia foi visitado pelo menininho "que o convidou a conhecer um outro jardim onde morava, chamado Paraíso" (Wilde, 2011).

A história adaptada por Liana Leão, remetendo diretamente ao conto infantil com que dialoga, escrito por Wilde no século XIX (Wilde, 2011), diferencia-se deste último por apresentar a morte do Gigante com sutileza e leveza.

No conto que deu origem à adaptação, Wilde (2001) descreve com mais detalhes os ambientes e os acontecimentos e apresenta falas dos personagens. Em sua versão, o Gigante derruba o muro e aos poucos envelhece e fica fraco, até que um dia recebe a visita do menino que ajudara a subir na árvore. O menino possuía marcas de pregos nos pés e nas mãos (feridas do Amor) e levou o Gigante para seu jardim (o Paraíso). No dia seguinte, as crianças encontraram o Gigante morto sob a árvore, coberto de flores brancas.

A atualidade do conto anterior é evidente. No entanto, de um lado, o fenômeno do distanciamento da morte em nossa sociedade (Benjamin, 1979) parece justificar a relevância das sutis atualizações procedidas por Liana em sua versão, de outro lado a laicização do ensino pode ter conduzido a uma referência indireta ao cristianismo (presente nas entrelinhas).

Após a leitura do conto[11], os alunos serão convidados a passear no jardim do Gigante (o local do passeio). A visita será previamente planejada e agendada. Ao chegarem ao local, a história será relida e os alunos serão convidados a escutar os sons, sentir os cheiros, tocar as plantas, a terra, as árvores, sentir o vento e o calor do sol.

Em seguida, elas produzirão individualmente textos descritivos orais com detalhes referentes aos cinco sentidos (audição, visão, tato, olfato e paladar). Descreverão, por exemplo, o cheiro de uma flor ou de uma folha; o sabor do lanche levado; as sensações táteis ao tocar a terra, sentir o vento, tatear uma árvore; as cores e formas das plantas, dos animais, das pedras, da paisagem; os sons dos pássaros, das pessoas, dos insetos.

Em uma das ocasiões em que essa atividade foi realizada, contávamos, na turma, com um aluno que, por ser deficiente visual, precisava que se descrevessem aspectos táteis, sonoros e olfativos no lugar dos visuais. Então sugerimos no passeio que todos os alunos colocassem vendas nos olhos e percebessem os aspectos táteis, olfativos e sonoros do ambiente. Sentamos em círculo e passamos de mão em mão (todos de olhos vendados): uma flor, uma caneta, um fruto, uma pena, uma folha, um pedaço de pão, um graveto, um guardanapo e uma pedra. Então, a cada objeto tateado e cheirado, eles tentavam descobrir do que se tratava, descrevendo as impressões dos sentidos para a turma. Também lhes propusemos a identificação de sons (bater

---

**11 -** Disponível também em vídeo no *link*: <https://www.youtube.com/watch?v=UuzkWzDEUoo>

uma pedra na outra, bater uma caneta na outra, quebrar um graveto, amassar folhas secas, despejar água em um pote, estalar os dedos) para que eles descrevessem suas impressões auditivas e buscassem identificar a origem daquele som. A partir de então, passamos a realizar estas vivências nos passeios feitos com todas as outras turmas.

Por fim, ao retornarmos à escola (ou no dia posterior), os alunos reunidos em grupos produziam relatos escritos do passeio (o gênero relato foi definido no terceiro capítulo), que depois era lido para todo grupo.

# Para conhecer mais

BRENMAN, Ilan. *A condenação de Emília*: o politicamente correto na literatura infantil. Belo Horizonte: Aletria, 2012.

COELHO, Nelly Novaes. *Dicionário crítico da literatura infantil e juvenil brasileira*. 5. ed. rev. São Paulo: Cia. Editora Nacional, 2006.

PAULINO, Graça; COSSON, Rildo (Orgs.). *Leitura literária:* a mediação escolar. Belo Horizonte: Faculdade de Letras da UFMG, 2004.

ZILBERMAN, Regina. *Como e por que ler a literatura infantil brasileira*. Rio de Janeiro: Objetiva, 2005.

# Referências bibliográficas

ALBISSÚ, Nelson. *Quem ouvir e contar, pedra há de se tornar*. Ilustrações: Rogério Soud e Rodval Matias. São Paulo: Paulinas Editorial, 2003.

ARIÈS, Philippe. *História social da infância e da família*. Tradução: Dora Flaksman. Rio de Janeiro: LTC Editora, 1981.

BAJTIN, Mikhail M.; MEDVEDEV, Pavel N. Los elementos de la construcción artística/El problema del género. In: _____. *El método formal en los estudios literarios:* introducción crítica a una poética sociológica. Tradução: Tatiana Bubnova. Madrid: Alianza Editorial, 1994 p. 207-224.

BAKHTIN, Mikhail Mikhailovitch. *A cultura popular na Idade Média e no Renascimento*: o contexto de François Rabelais. Tradução: Yara Frateschi Vieira. 6. ed. São Paulo: Hucitec; Brasília, DF: Editora da Universidade de Brasília, 2008.

_____. *Estética da criação verbal*. Tradução: Paulo Bezerra. 5. ed. São Paulo: Martins Fontes, 2010.

_____; VOLOCHÍNOV, Valentin Nicholaevich. *Marxismo e filosofia da linguagem*: problemas fundamentais do método sociológico na ciência da linguagem. Tradução: Michel Lahud e Yara Frateschi Vieira. 11. ed. São Paulo, Hucitec, 2004.

BARRO, João de. *Chapeuzinho Vermelho*. Ilustrações: Cláudia Scatamacchia. São Paulo: Moderna, 1995. (Coleção Clássicos infantis).

BEHRENDT, Mila. *Ponto & linha*. Ilustrações: Graça Lima. São Paulo: Cortez Editora, 2010.

BELINKY, Tatiana. *Uma história hebraica*. Ilustrações: Nilton Bueno. São Paulo: Cortez Editora, 2011.

BENJAMIN, Walter. Livros infantis antigos e esquecidos. In: _____. *Magia e técnica, arte e política*: ensaios sobre literatura e história da cultura. São Paulo: Brasiliense, 1994. p. 235-243.

_____. *O narrador*. 2. ed. São Paulo: Abril Cultural, 1979. (Os Pensadores).

BETTELHEIM, Bruno. *A psicanálise dos contos de fada*. Tradução: Arlene Caetano. Rio de Janeiro: Paz e Terra, 1980.

BILAC, Olavo. Júlio Verne. In: _____. *Ironia e piedade*. Rio de Janeiro: Livaria Francisco Alves, 1916. p. 29-34.

BOPP, Franz. *Ueber das konjugationssystem der Sanskritsprache*. Frankfurt Am Main: Andreã, 1816.

BORBA, Marisa. Literatura e pluralidade cultural. In: CARVALHO, Maria Angélica Freire de; MENDONÇA, Rosa Helena. *Práticas de leitura e escrita*. Brasília, DF: Ministério da Educação, 2006. 108-111.

BRAIT, Beth. Interação, gênero e estilo. In: PRETI, Dino (Org.). *Interação na fala e na escrita*. São Paulo: Humanitas/FFLCH/USP, 2003. p. 125-157.

BRASIL. *Parâmetros Curriculares Nacionais:* língua portuguesa (1ª a 4ª série). Brasília, DF: MEC/SEF, 1997a. v. 2.

## REFERÊNCIAS BIBLIOGRÁFICAS

BRENMAN, Ilan. *A condenação de Emília*: o politicamente correto na literatura infantil. Belo Horizonte: Aletria, 2012.

BUARQUE, Chico. *Chapeuzinho Amarelo*. Ilustrações: Ziraldo. Rio de Janeiro: José Olympio, 2003.

CADEMARTORI, Lígia. *O que é literatura infantil*. 3. ed. São Paulo: Brasiliense, 1986.

CAMPOS, Augusto de. *Lewis Carroll:* Jabberwocky/Jaguadarte. São Paulo: Correio Paulistano, 23 out. 1960. (Página Invenção).

CARROLL, Lewis. *Alice* (edição comentada): aventuras de Alice no País do Espelho e Através do Espelho. Tradução: Maria Luiza X. de A. Borges. Introdução e notas: Martin Gardner. Ilustrações: John Tenniel. Rio de Janeiro: Jorge Zahar, 2002.

_____. *Alice's adventures in wonderland*. Illustrations by John Tenniel. London: Macmillan, 1865.

CAVON, Elaine Pasquali. *O colecionador de águas*. Ilustrações: Lúcia Hiratsuka. São Paulo: Cortez Editora, 2012.

CERTEAU, Michel de. *A invenção do cotidiano*: artes de fazer. 16. ed. Tradução: Ephraim Ferreira Alves. Petrópolis: Vozes, 2009. v. 1.

CHARLOT, Bernard. *A mistificação pedagógica*: realidades sociais e processos ideológicos na teoria da educação. Rio de Janeiro: Zahar, 1983.

COELHO, Nelly Novaes. *Dicionário crítico da literatura infantil e juvenil brasileira*. 5. ed. rev. São Paulo: Cia. Editora Nacional, 2006.

_____. *Panorama histórico da literatura infantil/juvenil*: das origens indo-europeias ao Brasil contemporâneo. 4. ed. São Paulo: Ática, 1991.

COLLODI, Carlo. *As aventuras de Pinóquio*. Tradução: Áurea Marin Burochi. Ilustrações: Álvaro Cattaneo. São Paulo: Paulinas Editorial, 2004.

_____. *Le avventure di Pinocchio*: storia di un burattino. Firenze: Giunti Gruppo Editoriale, 2001. (Prima edizione: Firenze: Felice Paggi libraio-editore, 1883.)

COLOMER, Teresa. Eterna Caperucita: la renovación del imaginário colectivo. *Cuaderno de Literatura Infantil y Juvenil* (CLIJ), Barcelona, n. 87, p. 7-19, out. 1996.

COSSON, Rildo. *Letramento literário*: teoria e prática. São Paulo: Contexto, 2012.

COSTA, Sérgio Roberto. *Dicionário de gêneros textuais*. Belo Horizonte: Autêntica, 2008.

CUNHA, Maria Antonieta Antunes. *Literatura infantil*: teoria e prática. 18. ed. São Paulo: Ática, 2002.

DELEUZE, Gilles; GUATTARI, Félix. *Kafka*: para uma literatura menor. Tradução: Rafael Godinho. Lisboa: Assírio & Alvim, 2003.

DIECKMANN, Hans. *Contos de fada vividos*. Tradução: Elisabeth C. M. Jansen. São Paulo: Paulinas Editorial, 1986.

DUARTE, Marcelo. *A mulher que falava para-choquês*. Ilustrações: Fábio Sgroi. São Paulo: Panda Books, 2008.

EICHENBAUM, Boris. The theory of the Formal Method. In: MATEJKA, Ladislav; POMORSKA Krystyna (Orgs.). *Readings in Russian Poetics*: formalistic and struturalistic views. Cambridge, Mass: MIT Press, 1971. p. 3-37.

## 166 REFERÊNCIAS BIBLIOGRÁFICAS

FERRAÇO, Carlos Eduardo. Currículos em realização com os cotidianos escolares: fragmentos de *narrativasimagens* tecidas em redes pelos sujeitos praticantes. In: _____ (Org.). *Currículo e educação básica*: por entre redes de conhecimentos, imagens, narrativas, experiências e devires. Rio de Janeiro: Rovelle, 2011. p. 17-50.

FIDALGO, Lúcia. *O dia em que minha avó envelheceu.* Ilustrações: Veruschka Guerra. São Paulo: Cortez Editora, 2013.

FILHO, Domício Proença. *A linguagem literária*. São Paulo: Ática, 1986.

FOUCAULT, Michel. *A arqueologia do saber*. Tradução: Luiz Felipe Baeta Neves. 7. ed. Rio de Janeiro: Forense Universitária, 2009.

_____. *A verdade e as formas jurídicas*. Tradução: Roberto Cabral de Melo Machado e Eduardo Jardim Morais. 3. ed. Rio de Janeiro: Nau, 2003.

_____. *As palavras e as coisas*: uma arqueologia das ciências humanas. Tradução: António Ramos Rosa. Lisboa: Portugália Editora, 1968.

_____. Por trás da fábula. In: _____ et al. *Júlio Verne*: uma literatura revolucionária. Tradução: T. C. Netto. São Paulo: Documentos Ltda., 1969. p. 11-19.

FOX, Mem. *Guilherme Augusto Araújo Fernandes*. Tradução: Gilda Aquino. Ilustrações: Julie Vivas. São Paulo: Brinque-Book, 1995.

FREIRE, Paulo. *A importância do ato de ler*: em três artigos que se completam. São Paulo: Autores Associados/Cortez Editora, 1989. (Polêmicas do Nosso Tempo).

# REFERÊNCIAS BIBLIOGRÁFICAS | 167

FREIRE, Paulo. *Conscientização*: teoria e prática da libertação - uma introdução ao pensamento de Paulo Freire. Tradução: Kátia de Mello e Silva. São Paulo: Cortez e Moraes, 1980.

GARDNER, Martin. Notas. In: CARROLL, Lewis. *Alice* (edição comentada). Tradução: Maria Luiza X. de A. Borges. Introdução e notas: Martin Gardner. Ilustrações: John Tenniel. Rio de Janeiro: Jorge Zahar, 2002.

GÓES, Lúcia Pimentel. *Introdução à literatura para crianças e jovens*. São Paulo: Paulinas Editorial, 2010.

GONZÁLEZ MARÍN, Susana. *¿Existía Caperucita Roja antes de Perrault?* Salamanca: Ediciones Universidad de Salamanca, 2005.

GOULART Cecília M. A. Letramento e polifonia: um estudo de aspectos discursivos do processo de alfabetização. In: *Revista Brasileira de Educação*. São Paulo, n. 18, set.-out.-nov.-dez. 2001.

GRIMM, Jacob. *Deutsche Grammatik*. Göttingen: Bei Dieterich, 1818.

_____; GRIMM, Wilhelm. *Contos de Grimm*. Tradução: Marina Appenzeller e Monica Stahel. São Paulo: Martins Fontes, 1997.

_____. *Contos de Grimm.* Ilustrações: A. Archipowa. São Paulo: Ática, 2002. v. 2.

_____. *Kinder und Hausmärchen*: gesammelt durch die Brüder Grimm. Göttingen: Dieterich, 1857. v. 2.

HALL, Stuart. Para Allon White: metáforas da transformação. In: _____. *Da diáspora*: identidades e mediações culturais. Tradução: Adelaine La Guardia Resende *et al.* Belo Horizonte: Editora UFMG, 2003b. p. 219-244.

## REFERÊNCIAS BIBLIOGRÁFICAS

HALL, Stuart. Significação, representação, ideologia: Althusser e os debates pós- estruturalistas. In: _____. *Da diáspora*: identidades e mediações culturais. Tradução: Adelaine La Guardia Resende *et al*. Belo Horizonte: Editora UFMG, 2003a. p. 160-198.

HOUAISS, Antônio; VILLAR, Mauro de Salles. *Dicionário Houaiss da Língua Portuguesa*. Rio de Janeiro: Objetiva, 2009.

JACOBS, Joseph. The story of the three little pigs. In: _____. *English fairy tales*. London: David Nutt, 1890. p. 68-72.

LAJOLO, Marisa; ZILBERMAN, Regina. *Literatura infantil brasileira*: história e histórias. 4. ed. São Paulo: Ática, 1984.

LARROSA, Jorge. *Linguagem e educação depois de Babel*. Tradução: Cynthia Farina. Belo Horizonte: Autêntica, 2004.

LEAHY-DIOS, Cyana. *Educação literária como metáfora social*: desvios e rumos. Niterói: EdUFF, 2000.

LEÃO, Liana. *Diferentes:* pensando conceitos e preconceitos. Ilustrações: Márcia Széliga. São Paulo: Elementar, 2006.

LOBATO, Monteiro. *A menina do narizinho arrebitado:* livro de figuras com desenhos de Voltolino. São Paulo: Editora Monteiro Lobato & Cia., 1920.

MORAES, Fabiano de Oliveira. A representação do trabalho em *Pinóquio* e *Os três Porquinhos*. *Trabalho e Educação*, Belo Horizonte, v. 20, p. 35-47, 2011.

_____. *A vendedora de chicletes*. Ilustrações: Cláudio Cambra. São Paulo: Universo dos Livros, 2013.

MORAES, Fabiano de Oliveira. Júlio Verne e a recriação ficcional do saber dominante: entre escritura e leitura, usos e reinvenções. *Leitura: teoria e prática*, Campinas, n. 58, ano 30, p. 1662-1671, jun. 2012.

_____. O medo em *Chapeuzinho Vermelho* (da Idade Média à Modernidade). *LER - Leitura em Revista*, Rio de Janeiro, n. 1, ano 1, p. 57-70, 2010.

_____; OLIVEIRA, Yedda de. *Meu querido diário*. Ilustrações: Jeasir Rego. São Paulo: Nova Alexandria, 2010.

MORIN, Edgar. *Os sete saberes necessários à educação do futuro*. Tradução: Catarina Eleonora F. da Silva e Jeanne Sawaya. São Paulo: Cortez Editora; Brasília, DF: Unesco, 2006.

_____; ALMEIDA, Maria da Conceição de; CARVALHO, Edgard de Assis (Orgs.). *Educação e complexidade*: os sete saberes e outros ensaios. Tradução: Edgard de Assis Carvalho. São Paulo: Cortez Editora, 2002.

NEVES, André. *Menino chuva na rua do sol*. São Paulo: Paulinas, 2003.

ORTEGA, Any Marise; PELOGGIA, Alex Ubiratan Goossens; SANTOS, Fábio Cardoso dos. *A literatura no caminho da história e da geografia*: práticas integradas com a língua portuguesa para o Ensino Fundamental e o Ensino Médio. São Paulo: Cortez Editora, 2009.

O SEMEADOR de livros. Direção: Wagner Bezerra. Roteiro: Heloisa Dias Bezerra e Wagner Bezerra. Coprodução: TV PUC São Paulo, São Paulo, Ciência e Arte Comunicação, 2010. (1 DVD).

OS TRÊS Porquinhos (Tree Little Pigs). Direção: Burt Gillett. Produção: Walt Disney. Estados Unidos, Walt Disney Productions, 1933. Technicolor.

PAES, José Paulo. *Poemas para brincar*. Ilustrações: Luiz Maia. São Paulo: Ática, 2003.

PAIVA, Aparecida; RODRIGUES, Paula Cristina de Almeida. Letramento literário na sala de aula: desafios e possibilidades. In: CASTANHEIRA, Maria Lúcia *et al.* (Orgs.). *Alfabetização e letramento na sala de aula*. Belo Horizonte: Autêntica/Ceale, 2009. p. 103-119.

PAULINO, Graça. Algumas especificidades da leitura literária. In: PAIVA, Aparecida *et al.* (Orgs.). *Leituras literárias*: discursos transitivos. Belo Horizonte: Ceale/Autêntica, 2005. p. 55-68.

_____. Letramento literário: cânones estéticos e cânones escolares. In: REUNIÃO ANPED, 22., Caxambu, set. 1999. (1 CD-ROM).

_____. Letramento literário: por vielas e alamedas. *Revista da Faced*, Salvador, n. 5, 2001.

_____; COSSON, Rildo (Orgs.). *Leitura literária:* a mediação escolar. Belo Horizonte: Faculdade de Letras da UFMG, 2004.

PEREIRA, Maria Teresa Gonçalves. Monteiro Lobato: a gênese da literatura infantil brasileira em personagens, temas e linguagens. In: NEVES, Margarida Braga; VENTURA, Susana Ramos; PINHEIRO, Luís da Cunha (Orgs.). *Reflexões em torno das literaturas de língua portuguesa para crianças e jovens*. Lisboa: Clepul, 2010. p. 13-30. Disponível em: <http://pt.calameo.com/read/001827977 fd1609b11c35>. Acesso em: 4 mar. 2013.

PEREIRA, Maria Teresa Gonçalves. *Processos expressivos da literatura infantil de Monteiro Lobato*. 1980. Dissertação (Mestrado) – Pontifícia Universidade do Rio de Janeiro, Rio de Janeiro, 1980.

PERRAULT, Charles. *Contes*. Paris: Librairie Générale Française, 2006.

_____. *Contos e fábulas*. Tradução e posfácio: Mário Laranjeira. Ilustrações: Fê. São Paulo: Iluminuras, 2007.

PERROTTI, Edmir. *Confinamento cultural, infância e leitura*. São Paulo: Summus Editorial, 1990. (Novas Buscas em Educação).

PIEDADE, Amir. *Confusão no galinheiro*: o caso dos ovos de ouro. Ilustrações: Elma. São Paulo: Cortez Editora, 2011.

_____. *O aniversário do Seu Alfabeto*. Ilustrações: Luiz Gesini. 4. ed. São Paulo: Cortez Editora, 2010.

PINSKY, Mirna. *Carta errante, avó atrapalhada, menina aniversariante*. Ilustrações: Ionit Zilberman. São Paulo: FTD, 2012.

RAMOS, Rossana. *Na minha escola todo mundo é igual*. Ilustrações: Priscila Sanson. São Paulo: Cortez Editora, 2010.

ROCHA, Ruth. *Faca sem ponta, galinha sem pé*. Ilustrações: Suppa. São Paulo: Salamandra, 2009.

ROJO, Roxane. Agir, obedecer e as formas de dizer a ação: as interações familiares na construção das ações, da linguagem e do sujeito social. *Delta*, São Paulo, v. 2, n. 15, 1999.

_____. Letramento e diversidade textual. In: CARVALHO, Maria Angélica Freire de; MENDONÇA, Rosa Helena. *Práticas de leitura e escrita*, Brasília, DF: Ministério da Educação, 2006. p. 24-29.

ROSA, João Guimarães. *Fita verde no cabelo*: nova velha história. 13. impr. Ilustrações: Roger Mello. Rio de Janeiro: Nova Fronteira, 1998.

SALTARELLI, Thiago. Imitação, emulação, modelos e glosas: o paradigma da mimesis na literatura dos séculos XVI, XVII e XVIII. *Aletria Revista de Estudos de Literatura*, Belo Horizonte, v. 20, número especial, p. 251-264, jul.-dez, 2009.

SANDRONI, Laura. *De Lobato a Bojunga*: as reinações renovadas. Rio de Janeiro: Agir, 1987.

SANTOS, Boaventura de Sousa. *A crítica da razão indolente*: contra o desperdício da experiência. São Paulo: Cortez Editora, 2005.

_____. A filosofia à venda, a douta ignorância e a aposta de Pascal. *Revista Crítica de Ciências Sociais*, Coimbra, n. 80, p. 11-43, mar. 2008b.

_____. *A gramática do tempo*: para uma nova cultura política. São Paulo: Cortez Editora, 2008a.

SANTOS, Fábio Cardoso dos. A charge do artista Paulo Caruso como compromisso político. In: GRUPO DE ESTUDOS DOS GÊNEROS DO DISCURSO (GEGE): CÍRCULO - RODAS DE CONVERSA BAKHTINIANA: NOSSO ATO RESPONSÁVEL, IV., São Carlos: Pedro & João Editores, 2012. p. 185-188.

_____. A charge política do artista Paulo Caruso em uma perspectiva bakhtiniana. *L@el em (Dis-)curso*, São Paulo, v. 4, p. 37-59, 2011.

SCARPA, Ester Mirian. Aquisição de linguagem e aquisição de escrita: continuidade ou ruptura? In: SEMINÁRIOS DO GEL. ESTUDOS LINGUÍSTICOS, XIV., 2001. *Anais...* Campinas: Unicamp/GEL, 1987. p. 118-128.

SCHLEGEL, Friedrich von. *Über die sprache und weisheit der Indier*. Heidelberg: Mohr & Zimmermann, 1808.

SILVESTRIN, Ricardo. *Pequenas observações sobre a vida em outros planetas*. Ilustrações: Mariana Massarani. São Paulo: Salamandra, 2004.

SMOLKA, Ana Luiza Bustamante. *A criança na fase inicial da escrita*: a alfabetização como processo discursivo. São Paulo: Cortez Editora; Campinas: Editora da Universidade Estadual de Campinas, 2003.

SOARES, Magda. *Letramento*: um tema em três gêneros. Belo Horizonte: Autêntica, 2005.

SOUZA, Roberto Acízelo Quelha de. *Teoria da literatura*. 10. ed. São Paulo: Ática, 2003.

STONE, Lawrence. *The family, sex and marriage in England, 1500-1800*. London: Pelican Books, 1979.

TERZI, Sylvia Bueno. A oralidade e a construção da leitura por crianças de meios iletrados. In: KLEIMAN, Angela B. (Org.). *Os significados do letramento*: uma nova perspectiva sobre a prática social da escrita. Campinas: Mercado das Letras, 1995. p. 91-117.

VOIGT, Ernst. *Egberts von Lüttich Fecunda ratis*. Halle: Max Niemeyer, 1889.

VOLOSHINOV, Valentin (BAJTIN, Mikhail Mikhailovitch). La palabra en la vida y palabra en La poesía. Hacia una poética sociológica. In: BAJTIN, Mikhail Mikhailovitch. *Hacia una filosofía del acto ético:* de los borradores y otros escritos. Tradução: Tatiana Bubnova. Barcelona: Anthropos; San Juan: Universidad de Puerto Rico, 1997. p.106-137.

WILDE, Oscar. O Gigante Egoísta. In: _____. *Histórias de fadas*: textos escolhidos. Tradução: Bárbara Heliodora. Rio de Janeiro, Nova Fronteira, 2001.

_____. *O Gigante Egoísta*. Tradução e adaptação: Liana Leão. Ilustrações: Márcia Széliga. São Paulo: Cortez Editora, 2011.

YUNES, Eliana. *Presença de Monteiro Lobato*. Rio de Janeiro: Divulgação e Pesquisa, 1982.

ZATZ, Lia. *Era uma vez uma bruxa*. Ilustrações: Rogério Borges. São Paulo: Moderna, 2002.

ZILBERMAN, Regina. *A literatura infantil na escola*. 11. ed. São Paulo: Global, 2003.

_____. *Como e por que ler a literatura infantil brasileira*. Rio de Janeiro: Objetiva, 2005.

ZIOLKOWSKI, Jan M. *Fairy tales from before fairy tales*: the medieval Latin past of wonderful lies. Ann Arbor: University of Michigan Press, 2007.

ZIPES, Jack David. *Trial and tribulations of Little Red Riding Hood*: versions of the tale in sociocultural context. New York: Routledge; London: Routledge, 1993.

# Fábio Cardoso dos Santos

É doutorando em Linguística Aplicada e Estudos da Linguagem pela Pontifícia Universidade Católica de São Paulo (PUC-SP), mestre em Linguística pela Universidade Cruzeiro do Sul (Unicsul) e graduado em Letras e Pedagogia. É professor universitário em cursos de pós-graduação e de graduação em Letras e Pedagogia da FIG-Unimesp e das Faculdades Associadas de São Paulo (Fasp). Atuou como professor da rede pública e da rede particular do Estado de São Paulo. Também é autor de livros para formação de professores e de literatura infantil.

# Fabiano Moraes

É doutorando em Educação, mestre em Linguística e graduado em Letras-Português pela Universidade Federal do Espírito Santo (Ufes). Atua como professor voluntário pelo DLCE/CE/Ufes, professor de Pós-Graduação em Arte-Terapia do Instituto Fênix, diretor de Comunicação do Instituto Conta Brasil e pesquisador Associado da Cátedra Unesco de Leitura – PUC-Rio e da Associação de Leitura do Brasil. É idealizador do *site* Roda de Histórias (premiado pelo Ministério da Cultura [MinC]), escritor e narrador.